学校が「とまった」日

ウィズ・コロナの学びを支える人々の挑戦

［監修］中原 淳
［編著］田中智輝・村松 灯・高崎美佐

東洋館出版社

学校が「とまった」日

ウィズ・コロナの学びを
支える人々の挑戦

監修者からのごあいさつ

「学びの中断」は、二度と起こしてはならない。

「監修者からのごあいさつ」をしたためるに際して、また、この共同研究プロジェクトの責任者として、そのことを切に思います。

＊

本書『学校が「とまった」日―ウィズ・コロナの学びを支える人々の挑戦―』は、2020年の春に起こった新型コロナウイルス感染拡大に際して、日本全国の9割近くの小学校・中学校・高等学校が「臨時休校」になったことを舞台として編まれた本です。つまり、「学びの中断」こそが、本書で探究するテーマです。

学校がとまり、生徒たちの学びに「中断」が生じた「そのとき」。

「そのとき」、生徒には、保護者には、家庭には、何が起こったのか。

「そのとき」、学校では、どのような意思決定がなされ、教員は何を思っていたのか。

「そのとき」、NPOなどの、学校でもなく、家庭でもない機関は、どのような教育支援を行えたのか。

本書の共同研究は、これら一連の問いに答えを出します。

この共同研究は、新型コロナウイルスの感染拡大と同時にただちに企画され、研究室のすべてのリソースを投下し、実行されました。

研究プロジェクトに関わる、すべてのスタッフが、一度も顔を合わせることなく、リモートワークでつながり、刻一刻と変化する状況の中、押し寄せる緊迫感の中で、リサーチクエスチョンを練り込み、定量調査・定性調査を行いました。手前味噌となりますが、編者を務める田中智輝さん、村松灯さん、高崎美佐さん、将来の活躍が楽しみな3人の博士の皆さんが、猛烈な集中力と瞬発力で、この研究を成し遂げてくれました。

＊

私たちが、このプロジェクトを通じて、考察したかったこととは、学校とは「授業を提供する」だけでなく、暗に、子どもの生活リズムをつくりあげ、健康を支え、子ども同士の関係をつくり、家庭を支えているのだということにほかなりません。

「学びがとまったそのとき」に「何が起こるか」を子細に観察・分析していけば、学校が暗に果たしていた役割で、しかも貴重なものが見えてくるはずだ、と私たちは考えました。普段は注目されはしない「学校の隠されていた機能」が顕在化するはずだ、と考えたのです。

その上で、私たちが主張したかったこととは、凡庸なる言葉ですが、**教育機関は、決して、学びをとめてはいけない**ということです。

ここで「学びをとめない」とは「とにかくオンライン授業を行う」とか、そういう類いのことを申し上げているわけではありません。

そうではなく、授業提供のみならず、学校が暗に果たしてきた機能、①子どもの健康保障、②子ども同士の関係保障、③学力保障、など、様々な機能を機能不全に陥らせないことです。学校や行政とのコミュニケーション不全、学校内部のリーダーシップ不全により、子どもの生活や学びに悪影響をもたらさないことです。

様々な理由はあるとはいえ、学校が休校になり、いったん「学びをとめて」しまえば、こうした諸機能が失われて、生活リズムを崩す子ども、孤独や不安にさいなまれる子ども、子ども同士、家庭内のつながりが失われ孤立していく子どもが生まれます。そして、子どもの状況は、子どもが生きる家庭の状況、保護者の状況に強く依存します。かくして、以前からある家庭の所得差に応じた教育格差は、さらに広がることになるのです。

この国は、災害と隣り合わせの国です。

＊

新型コロナウイルスのみならず、おそらく、これからも大規模な水害、地震などが、私たちを襲うでしょう。

そうしたとき、たとえ学校がとまったとしても「学びをとめない」ためには何が必要なのか。

本書のデータ、事例が、教育関係者の方々に「再び学びをとめないための作戦会議」の「対話」を促すのだとしたら、研究代表者としてこれ以上、うれしいことはありません。

再び、学びをとめるな

2020年冬、美しいキャンパスに学生の歓声が戻る日のことを信じて

中原　淳（立教大学経営学部教授）

はじめに

2020年2月27日、安倍晋三首相（当時）は新型コロナウイルス感染症の拡大抑制を目的とする一斉休校を全国の小・中・高等学校、特別支援学校等に要請した。全国の学校を一斉に休校するということ自体が前例のない判断であったが、加えて、この休校が大方の想定を超えて長期化したという点でも、この度の休校は異例の出来事であったといえるだろう。

この度の休校措置については、実施当初より様々な賛否があり、休校解除となったのちも一斉休校が感染対策としてどれほどの効力があったのかが問われてもいる。この度の休校措置が感染対策を主眼においたものであったことに鑑みれば、その効力の検証は不可避であろう。だが、検証しなければならないのは、感染対策としての効力だけではない。とりわけ教育に携わる私たちが顧みなければならないのは、**休校措置が子どもの学びにどのような影響を与えたのか、子どもの学びを支えるために誰がどのように動き、何ができたのか、そして何ができなかったのか、ということではないだろうか。**

新型コロナウイルスが猛威をふるい、先々の予測もつかない状況下で学校をはじめとする様々な場所に集い学ぶことが大きく制限されることとなった。そうした中で、子どもたちの学びがとまってしまわないよう、授業のオンライン化をはじめとする試みが急速に進められた。しかし、学校は単に授業をするだけの場ではない。学校は、学びの場であると同時に、生活の場であり、関わり合いの場である。学校が「とまって」しまったとき、子どもの学びや生活は、保護者や家庭の様子は、教育者や支援者の役割はどのように変化したのか。

新年度を前にして休校延長が確実となりつつあった3月下旬、私たちは研究チームを急遽立ち上げ「学びを支えるプロジェクト」を始動した。だが、「学び」という語はいささか曖昧であり、何を想定するかは人によって異なるだろう。そこで、プロジェクトの発足に先立って、私たちは調査・研究を行う上での仮定として、「学び」を以下の三つの意味合いを含むものと捉えることとした。「学び」とは第一に、教科内容を学ぶという意味での「学習」(狭義の「学び」)を指している。よって、例えば、本書において「学習時間」が問題となっている場合、この狭義の「学び」=「学習」に焦点が当てられている。第二に、いわゆる「学習」に還元できない、経験の獲得や、態度や習慣の形成などのより広い意味での「学び」も本書の考察の射程に含んでいる。第三に、本書では、狭義の「学び」(学習)や広義の「学び」にともなって生じる「つながり」(学びのネットワーク)についても、支えるべき対象と見なし、調査の設計に組み込んでいる。

以上のような前提を確認した上で、「学びを支えるプロジェクト」の最初の作戦会議を行った。そこで共有された問題認識は主に次の3点であった。

①休校措置によって子どもの学びの機会にばらつきが出始めているのではないかということ。さらにいえば、学校に行けないことで、学びの機会だけでなく、安心できる居場所を失う子どもも出てくるだろうということ。
②新型コロナウイルス感染症対策は長期戦になるだろうということ。
③休校中それぞれの家庭で子どもがどのように過ごしているかが見えにくくなっており、実態の把握がきわめて困難であるということ。

長期戦が見込まれる以上、個々のアクターによるその都度の対応には限界がある。そこで本プロジェクトでは早急に実態把握のための調査に着手した。私たちが実態把握を重視したのには主に二つの理由があった。第一に、実態把握なくして長期的で包括的な支援は不可能であるということ。第二に、通常時に学校が担っていた機能が休校によって学校外（家庭やサードプレイスなど）に分散しているからこそ、現状認識を広く共有することが支援のネットワークづくりには不可欠だということである。

本書は、休校期間中に行った実態把握のための調査の結果をまとめたものである。実をいえば、危機の真っただ中で調査を行うことには様々な困難があった。というのも、研究というものは本来的に対象との十分な距離を必要とする。自分自身に近ければ近いほど客観化しにくく、現在起こっていることほど調査の設計が困難となるからだ。研究の精度を上げるという点では、事態の経過を見てから入念な調査設計を行うのが妥当かもしれない。だが、本プロジェクトではあえて現在進行形で起こっている危機を研究の対象とすることとした。今もまだ予断を許さない状況が続いており、いつまた休校措置をとらざるを得ない事態に陥るかもしれない。あるいは、予期せぬ災害がいつ訪れてもおかしくはない。学校が「とまる」とき、それはいつも突然で想定外である。そうであるならば、今何が起こっているのかを出発点として、対話と思考を始めるほかないだろう。

学びを支えるための作戦会議をしませんか。
本書に込めたメッセージが多くの人に届くことを願う。

目次

第1章

休校が私たちにもたらした問い

新型コロナウイルス感染症の流行とそれにともなう休校措置について、まずは事の経緯を簡単に振り返っておこう。

中国の武漢市で急性呼吸器疾患が集団発生したのが2019年12月、その後、この疾患が新型のコロナウイルスと断定された。感染はアジア、ヨーロッパ、北米へと広がり、3月11日には世界保健機関（WHO）が新型コロナウイルス感染症の流行について「パンデミック」を宣言した。なお、日本で最初の感染者が報告されたのは1月16日、その後徐々に感染者数は増え、2月26日には北海道の小・中学校で休校要請が、翌2月27日には安倍首相より3月2日から春休みまで全国の小・中・高等学校、特別支援学校等を休校とするようにとの要請が出されるに至った。休校措置を巡る動向は表1のとおりである。

写真　2020年4月末、緊急事態宣言下の銀座。人通りがまったくない

表1　休校措置にまつわる流れ

2/26
北海道で小・中学校休校要請

2/27
安倍首相、一斉休校要請

2/28
文科省、各学校に一斉休校（3/2 ～春休み）の通達

3/11
WHO「パンデミック」宣言

4/7
安倍首相、1都6県を対象とする緊急事態宣言を発令

4/16
安倍首相、緊急事態宣言の対象地域を全国に拡大
→　全国で 5/31 まで休校を延長する動き

4/28
文科相「9月入学、確かにメリットある」と発言
→　政府で具体的な検討作業が始まる

5/14
安倍首相、39 県で緊急事態宣言を解除

5/21
京都・大阪・兵庫で緊急事態宣言を解除

5/25
緊急事態宣言を全面解除

6/1
ほぼすべての学校で登校を再開

1　本書の目的

２０２０年2月27日、政府の要請で始まった休校措置は、大方の予想に反して長期化し、最長で3か月にも及んだ。休校期間が、これほど長期化することを予想していた人はほとんどいなかったのではないだろうか。感染対策を目的とした、これほど大規模で長期間にわたる休校は間違いなく前例のないものであり、感染対策のための試行錯誤は今も続いている。

学校が「とまる」ということについて考えてみれば、実はこれまでも様々な危機において私たちは休校を経験してきた。地震による休校はその最たるものであるし、台風の襲来による臨時休校は毎年のように起こっている。インフルエンザによる学級閉鎖まで加えると、学校が「とまる」という事態を様々なケースで経験してきたのである。そして、学校がとまるたびに、私たちは子どもの生活と学びを支えるための手立てを講じ、学校のあり方や存在意義を問い直してきた。こうしてみると、この度の休校措置にともなう対応もこれまでの経験に多くを負っており、同様の問いを反復するものと捉えることができるだろう。

だが他方で、私たちが今回向き合っている難しさは、これまでの経験からだけでは理解し難い側面をもっているようにも思われる。先に触れたように、地震や台風などが学校を襲った場合にも休校という措置がとられる。この場合、休校をするか否かの判断の余地はほとんどなく、危機の結果として休校せざるを得ないケースが大半であろう。こうした休校に対して、感染対策としての休校は、あくまでも決定的な危機を回避するために「事前」になされるものである。この点では、インフルエンザ感染対策としての学級閉鎖や休校とこの度の休校は共通している。ただし、有効な対策や治療が確立しているインフルエンザと新型コロナウイルス感染症とでは、対策の難しさがまるで違っていたように思われる。なぜなら、私たちはこの未知のウイルスに対する治療法を手探りしている段階であり、ワクチンの開発や有効な対処薬の発見に時間を要することも明らかだったからである。

こうしてみると、今回の休校措置において何よりも私たちを困惑させたのは、どこに、どんなリスク（潜在的な危機）が潜んでいるのかほとんどわからないままに、待ったなしで対応しなければならなかったということだろう。休校措置を巡って確かなことといえば、少なくともそれが学校でのクラスター感染を防ぐことにつながるだろうということぐらいであった。もちろん、学校での感染は防がなければならない。だが、感染対策だけに注力していればいいのかといえば、決してそうではないだろう。学校は子どもの健康や安全を保障するだけでなく、それと同時に、子どもの学びを保障する責任を負っているのである。

だが、困難な対応を迫られたのは学校だけではない。おそらく今回の休校は保護者にとってもあまりに急で困惑すべき出来事だっただろう。子どもたちが学校に通うことができなくなるということは、子どもたちが家に1日中いるということになる。学校にいるはずの日中、子どもたちを誰が見るのか。家でどのように過ごさせればいいのか。家庭の状況によって程度の差はあったとしても、突然の休校はどの保護者にも大きな負担と不安をもたらすものであったように思われる。とりわけ、仕事をもち、普段家を空けている保護者にとっての困惑は想像に難くない。

今一度振り返ってみると、この度の休校措置は突然に始まり、いつ学校が再開されるのかの見通しがまったくないままに長期化していった。そして長期化するにつれて、この休校が子どもの生活や学びに与える影響の大きさが徐々に教育に関わる者に認識されていったように思われる。この間、学校、教育関係者、そして様々な支援団体が子どもの学びを支えるために力を尽くしていた。しかし、そうした支援の実態や課題については、いまだ十分に明らかにされていない。そこで本書では、**休校措置の渦中における子どもの生活や学びの実態を明らかにするとともに、子どもの学びを支えるための試みが誰によって、いかになされていたのかを捉えること**を試みる。そうした実態把握をふまえて、**予測不可能な危機の最中にありながら、すべての子どもの学びを支えるために私たちに何ができるのか、どのような変化が求められているのか**を考えてみたい。

2　調査概要

本書の主たる課題は、新型コロナウイルス感染症対策のための休校措置によって子どもの生活や学びにどのような変化がもたらされたのか、その実態を明らかにすることである。本プロジェクトの調査では、調査設計の時点で休校措置の長期化が見込まれていた東京都、神奈川県、千葉県、埼玉県を主たる対象としている。調査概要の詳細については各章で提示するが、実態把握に際して用いた方法は、①質問紙調査と、②インタビュー調査の二つに分けられる（表2）。なお、感染対策下であることに鑑みいずれもインターネットを用いた調査とした。

子どもの生活や学びの変化は、子ども本人に尋ねるのが望ましい。このため、生活や学びの実態の把握は高校生を対象とした調査で主に行った。加えて、学びを支えるという視点から保護者自身を対象とした調査（保護者調査）も実施した。保護者調査では、子どもの生活や学びの実態についても尋ねている。他方、インタビュー調査については中高生、小・中・高等学校の教員、小・中・高校生の子をもつ保護者に加え、教育系ＮＰＯ法人の

表2　学びを支えるプロジェクト：調査の全体像

調査目的

新型コロナウイルスの感染拡大にともなう休校措置において、子どもの学びや生活、保護者や家庭の様子、教員や支援者の仕事がどのように変容しているのかを明らかにすること。

質問紙調査	高校生 対象（高校生調査）
	小・中・高校生の子をもつ保護者 対象（保護者調査）
インタビュー調査	教員〔小学校・中学校・高校〕対象（教員調査）
	中学生・高校生 対象（中高生調査）
	小・中・高校生の子をもつ保護者 対象（保護者調査）
	教育系 NPO 法人スタッフ 対象（支援者調査）

スタッフを対象とした。

本調査を設計するにあたって優先したのは、渦中にある子どもたちの生活や学びの様子を把握することである。通常であれば大半の時間を学校で過ごしているはずの子どもたちは休校中それぞれの家庭でどのような日々を送っているのか。彼らが何を感じ、どんな支援を求めているのかを知ることなくして学びを支えることはできない。

また、子どもの生活と学びを支えるという一つの目的を果たすためには、いくつもの異なるアプローチが必要である。よって、本調査では子どもの学びを支えている多様なアクターから話を聞くことを重視した。そうすることで、学びを支えるための多様で重層的なネットワークを編み直すためのヒントを探りたい。本調査以外にも、休校措置が子どもや家庭にどのような影響を与えているのか、学校がどのような課題を抱えているのかを明らかにする調査は数多くなされている。本調査はそうした実態調査の試みの一つであるが、**「子どもの学びを支える」ということを中心として複数のアクターがそれにどのように関わっているのかを描き出すこと、つまり、学びを支えるネットワークに焦点を当てている点**に特徴がある。

以上のような調査を拠りどころとしつつ、本書では、実態把握を第一の課題としながらも、今回の休校だけにとどまらず、学校が「とまった」とき子どもの生活と学びを支えるためのポイントを探りたい。

3　本書の構成

本研究が問うべき問題は何か（研究の目的）、いかにその問いに迫るのか（研究の方法）を示した本章を除けば、本書は大きく分けて第2章、第3章、第4章の三つのパートから構成されている。

第2章では、質問紙調査で収集したデータの分析を通じて、休校中の子どもの生活と学びの実態を明らかにする。ここでの中心的な課題は、休校中に子どもたちがどの程度学び続けることができていたかを把握するとともに、学びの継続を支えた要因を明らかにすることである。本章ではこうした課題に対して、高校生を対象とした調査（高校生調査）と小学生、中学生、高校生の子をもつ保護者を対象とした調査（保護者調査）の両面から分析を試みる。

第3章では、インタビュー調査をもとにこの度の休校が、教員、子ども、保護者、支援者によってどのように経験されたのかを明らかにする。休校措置は一斉にとられたとしても、それがどのように経験され、意味づけられるかは実に様々である。個別的な語りから見えてくるのは、それぞれが異なる事情や条件をもちながらその中で判断し、行動しているという、当然であるが、重要な事実である。なお、章末には本プロジェクトの中間報告会で行った座談会企画の記録も収録されている。

第4章では、以上の質問紙調査（第2章）とインタビュー調査（第3章）の結果をふまえた総括的な考察を行う。ここではまず、子どもの学びを支えるために、家庭、学校、支援者それぞれに何ができたのか、何ができなかったのかを整理する。その上で、すべての子どもが学び続けるために必要な条件を整えるために、それぞれのアクターに何が求められているのか、あるいは多様なアクターがどのように連携していくことができるのか、その可能性と課題を考えてみたい。

第2章

データで見る「そのとき」

本章では、プロジェクトで行った二つの質問紙調査で収集したデータの分析を通じて、休校中に子どもたちがどの程度学び続けることができていたかを把握し、その学びの継続を支えた要因を明らかにする。

第1節では、二つの質問紙調査がいつ、どのような内容で行われたのかを示す。休校中の子どもたちの生活実態を「他者とのつながり」「心身の健康」「学びの継続」に着目して把握した上で（第2節）、子どもの学びや生活をサポートする学校の取組（第3節）および保護者の関わり（第4節）がどのようになされたかを確認する。そして最後に、こうした学校の取組や保護者の関わりのうち、子どもが休校中に「学び」や「心身の健康」を継続するために何が有効であったかを明らかにし（第5節）、特に学校や教員との「つながり」を保つために有効であった働きかけについて確認する（第6節）。

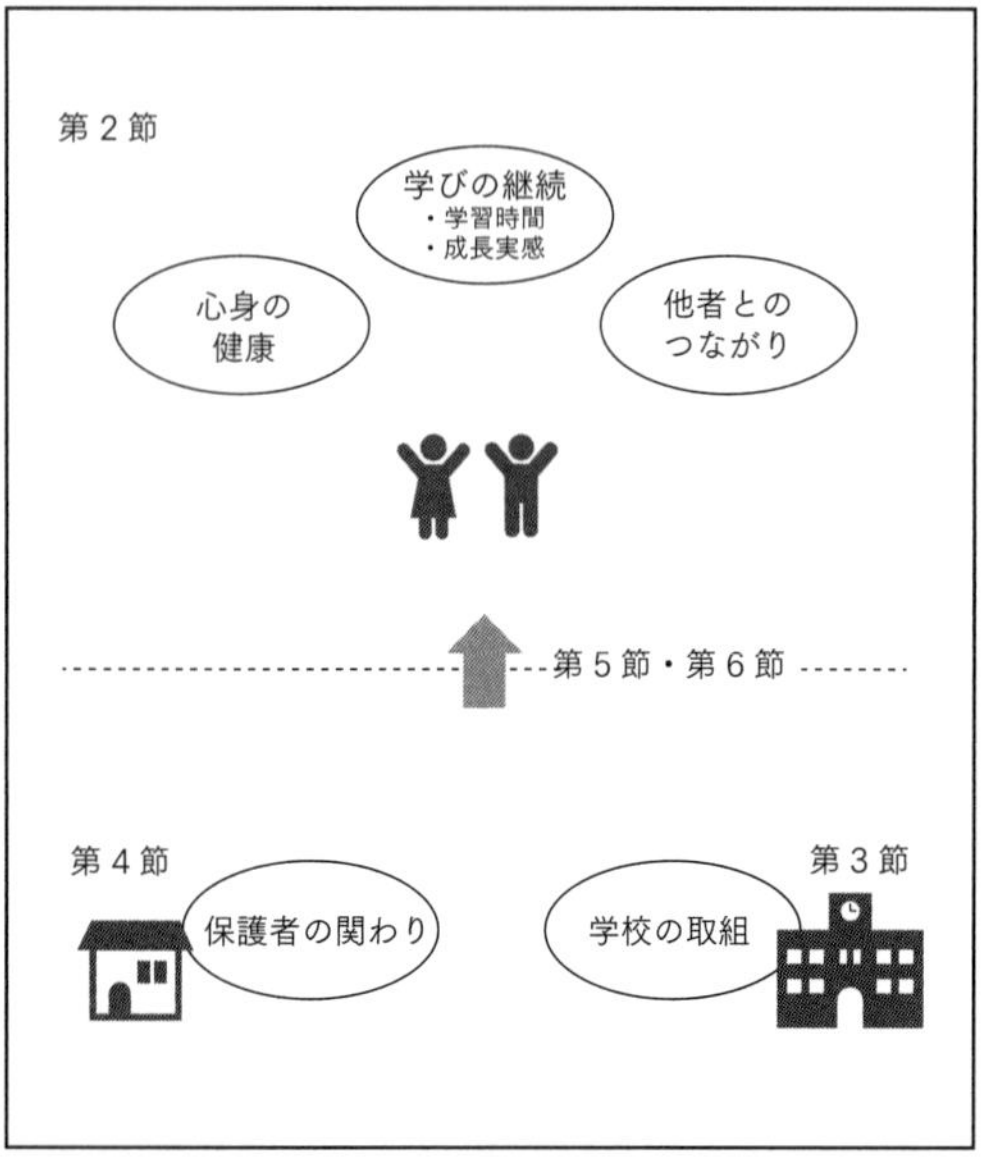

図１　本章の構成

1　二つの質問紙調査の概要

本論に入る前に、質問紙調査の概要を確認しておきたい。プロジェクトでは、高校生を対象とした調査（以下、高校生調査）と長子が小学生、中学生、高校生のいずれかである保護者を対象とした調査（以下、保護者調査）の2種類の質問紙調査を行った。詳細な調査概要は、28-29頁の表3・表4をご参照いただきたい。

高校生調査対象の1都3県の休校期間は、個々の学校による差はあるものの、おおむね3月初旬から5月末の3か月間であった。はじめから3か月の休校が決まっていたわけではなく、最初は政府の全国一斉休校要請直後から修了式までの数週間、次は春休み明けまで、というように次第に延長されていった。最終的に5月末までの休校が決定したのは、埼玉県では4月28日、東京都では5月5日である。つまり、高校生調査回答者の一部は休校が延長になることを理解した上で回答しており、一部はもうすぐ休校が終わる（とその時点では思っていた）時期に回答していることになる。一方、保護者調査は、緊急事態宣言は解除されたものの、多くの学校で休校措置が継続中であった5月最終週に行っている。

表３　質問紙調査概要（高校生調査）

高校生調査

調査目的

休校中の生活と学びの実態把握。休校中の他者とのつながり、支援の実態把握。

調査時期

2020 年 5 月 1 日（金）～5 月 2 日（土）

調査方法

インターネットによる質問紙調査

分析対象

東京都、神奈川県、千葉県、埼玉県に保護者と同居しており、インターネット調査モニターに登録している高校生 760 名。

高校 1 年生	215 名
高校 2 年生	271 名
高校 3 年生	274 名
合　計	760 名

筆者たちは、学校の取組やそれにともなう子どもたちの過ごし方が、4月上旬の全国的な緊急事態宣言、ゴールデンウィーク中の緊急事態宣言の延長によって変わったのではないかと考えている。つまり、3か月の休校は、①2020年2月末（2019年度）～始業式ごろまでの前半、②2020年度4月（始業式）からゴールデンウィークまでの中盤、③ゴールデンウィーク明けから5月末の後半の大きく三つに分けられるのではないかということである。前半は前学年のカリキュラムが終わっている学校も多く春休みと同様の扱い、中盤は一部の学校の一部の教員がオンラインを用いた取組を

表４　質問紙調査概要（保護者調査）

保護者調査

調査目的

休校中の子への関わり方、子の学習状況把握。

調査時期

2020 年 5 月 27 日（水）～5 月 29 日（金）

調査方法

インターネットによる質問紙調査

分析対象

小学生、中学生、高校生の長子と東京都、神奈川県、千葉県、埼玉県に同居しており、インターネット調査モニターに登録している保護者 2295 名。

	子の学習サポート		
子の学齢	していない	している	合計
小学校低学年	59 名	317 名	376 名
小学校高学年	68 名	314 名	382 名
中学生	214 名	559 名	773 名
高校生	303 名	461 名	764 名
合計	644 名	1651 名	2295 名

※国民生活基礎調査結果を参照し、仕事をしていない女性の割合を 25 ％に割り付けた

試行的に行い、後半は休校延長にともなって学校が組織的な対応に動きだした時期というように分けて考えるのがよいと判断したためである。この時期区分でいえば、高校生調査はちょうど中盤の最後に、保護者調査は後半の最後に行ったことになる。

高校生調査は、①休校中、子どもたちがどのように過ごしていたかの実態を把握し、②休校中学び続けることに影響を及ぼす要因を明らかにすることを目的とした。休校中にどう過ごすのかは、本人の態度や意思によるところも大きい。しかし本書では、今後再び起こりうる学校が「とまる」日に向けて、本人の態度や意思よりも本人以外の人、例えば

学校や家庭が子の学びをどう支えられるのかという観点での作戦会議に用いられることを想定し、調査設計を行った。

保護者調査は、高校生調査で収集した保護者に関する項目について、保護者自身のデータを収集することが主な目的であった。特に、子に対する関わりや保護者の就業形態などを尋ねている。さらに、高校生調査からおよそ1か月経過した時点での学校の取組状況や子の学習時間を把握することも目的とした。

2 休校中の生活実態

子どもたちは、通常の生活とは異なる休校期間をどのように過ごしていたのだろうか。以下では、「他者とのつながり」「心身の健康（ストレス反応）」「学びの継続」という三つの観点から、調査結果を概観していく。

他者とのつながり

今回の休校は、家族以外の人に会うことを自粛しなければならなかったという特徴がある。高校生調査（回答者760名）では、**コミュニケーションが【十分できている】と回答した割合は、対象が家族の場合は65％だったのに対し、教員の場合は9％、友人の場合24％であった。**家族以外の人と直接コミュニケーションすることが難しかったことがわかる。

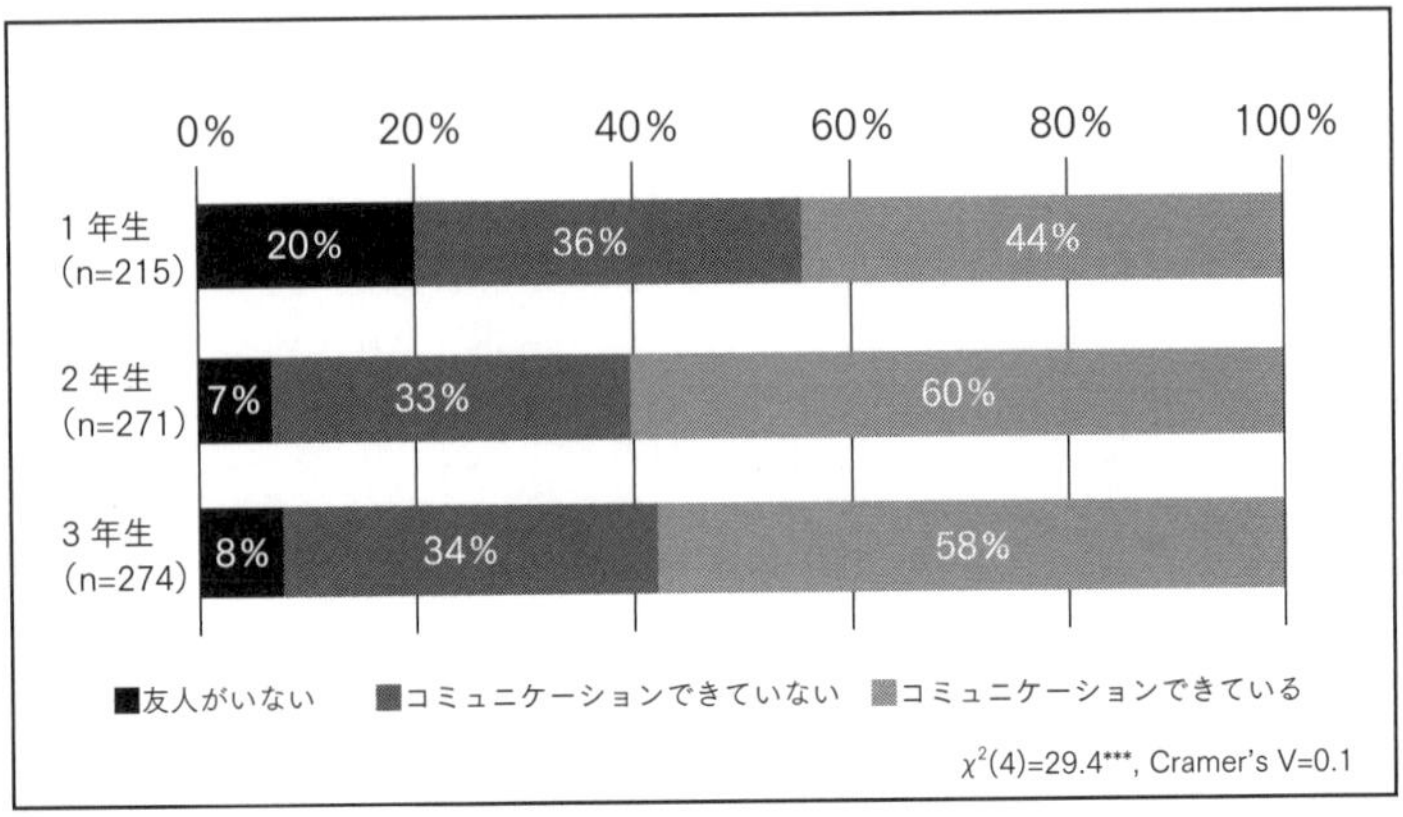

図2　通っている学校の友人とのコミュニケーション状況
高校1年生は、今の学校に友人がいない割合が2割。入学後に学校に通えていないためだと考えられる

①友人とのコミュニケーション

休校中の友人とのコミュニケーションの状況をもう少し確認してみよう（図2）[1]。先にも述べたが、中学校を卒業し高校に入学した1年生の中には、教員や級友の顔も知らないまま、4~5月の2か月間を過ごした者もいる。**高校1年生の回答者のうち【学校に友人がいない】と回答した者が20%、入学した学校の友人とのコミュニケーションができていないと感じている者が36%である。**高校2年生や3年生であっても、友人とコミュニケーションができていると回答した者は6割にとどまっている。

直接会えない状況下で友人とはどのようにコミュニケーションをとっていたのであろうか。図3はコミュニケーションの方法と連絡頻度を尋ねた項目に対する回答から、それぞれの方法を週1回以上使用している割合を示している。**最も多く使われているコミュニケーション方法が「SNSのメッセージ」である。**休校

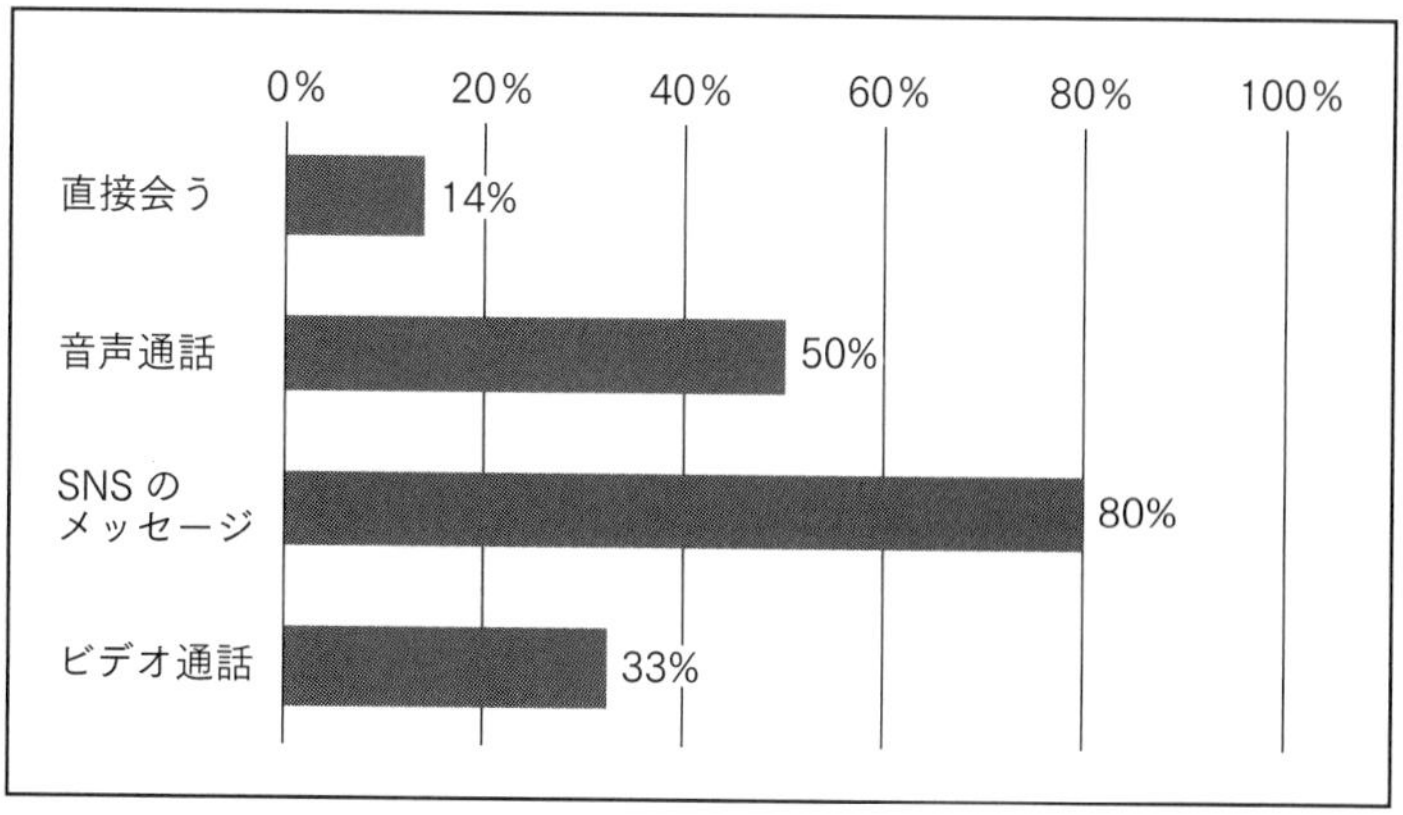

図3　通っている学校の友人とのコミュニケーション方法（週１回以上使っている方法）
学校の友人とのコミュニケーションは、SNSのメッセージがほとんど。通話や対面などで直接話している割合は５割程度

中、ＳＮＳのメッセージを利用して友人と週1回以上やりとりしていた割合が80％と最も多い。「直接会う」という回答は14％、「音声通話する」という回答は、50％であった。また、「ビデオ通話する」と回答した者は、「音声通話する」も同時に行っているというようにコミュニケーションツールは重複して使われていることが多かった。つまり、ＳＮＳのメッセージを利用していない20％の高校生は、ＳＮＳのメッセージ以外を利用しているのではなく、友人とのやりとりは週

1　「今通っている学校の友人とコミュニケーションができているか」に対し、【十分できている】～【できていない】、【友人はいない】の五つの選択肢から択一する形式。図2は、【十分できている】【まあできている】と回答した場合「コミュニケーションできている」、【あまりできていない】【できていない】と回答した場合「コミュニケーションできていない」として集計。図中の「n」は、回答人数を表す。例えば、図2は、回答者のうち高校1年生は215名であり、そのうち【学校に友人がいない】と回答した割合は20％であることを示している。
　また、グラフ下部の数値は、統計的検定の結果である。数値の後の記号について、†はp<.1、*はp<.05、**はp<.01、***p<.001と有意水準を示している。

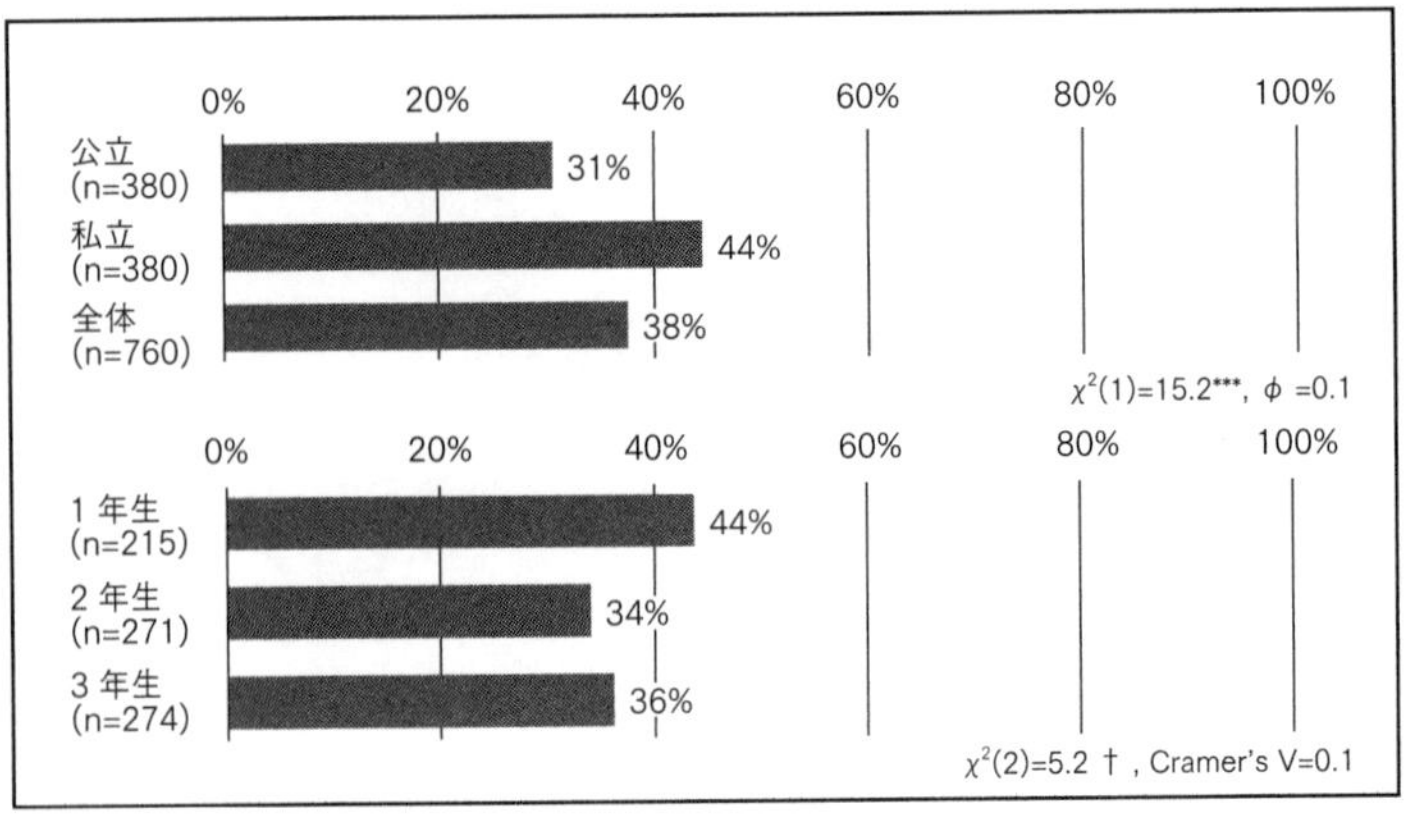

図4　教員とのコミュニケーションができている割合

「教員とのコミュニケーションができている」と感じているのは、半数以下

に1回未満ということであり、休校中、友人とはまったくやりとりしていない者もいた。

家族以外の他者と物理的に会えない状況で、**子どもたちが家族以外の他者との関係を保つ上でスマートフォンをはじめとするネットワーク機器が重要な役割を担っていたと考えられる。**保護者をはじめとした「大人」は、ゲーム依存や見知らぬ他者とのつながりを懸念するあまりスマートフォンの使用時間やアプリケーションを制限してしまうことがある。しかし、こういった状況下では、他者とつながるためのコミュニケーションの生命線になりえていたことを心にとめておきたい。

②教員とのコミュニケーション

次に、通っている学校の教員とのコミュニケーション状況について確認してみよう。図4は、教員とのコミュニケーションができていると感じている者がどの程度いたかを示している。[2] **教員とのコミュニケーショ**

ンができていると回答した高校生は38%にすぎず、教員とのコミュニケーションができていないと感じていた者が半分以上だったことがわかる。また、公立高校に通う生徒に比べれば、私立高校に通う生徒の方が教員とのコミュニケーションができていると感じているが、それでも44%と半数を下回っている。

学年ごとに比較してみるとどうだろうか。教員とのコミュニケーションができていると感じているのは、2・3年生よりも1年生の方が多い。新入生である1年生に対しては、2・3年生に比べて丁寧に連絡がなされたことの成果とも捉えられよう。

すでに確認したように、休校中は、友人とのコミュニケーションが十分にとれる状況ではなかった。直接会って話したいことや、会ったら話すが、会わなければ話さないようなことは、SNSのメッセージではやりとりしないということもあったのではないか。悩んだり、困ったりしたときに相談できる人、サポートしてくれる人がいる状態をソーシャルサポートがある状態といい、ない状態をソーシャルサポートがない状態というが、休校中は教員や友人とのコミュニケーションが制限されることによって、ソーシャルサポートがない状態に陥ってしまった子どもも多かったものと考えられる。この点について、調査結果を見てみよう。

---

2 【できていない】【あまりできていない】と回答→「できていない」として集計、【まあできている】【十分できている】と回答→「できている」として集計。

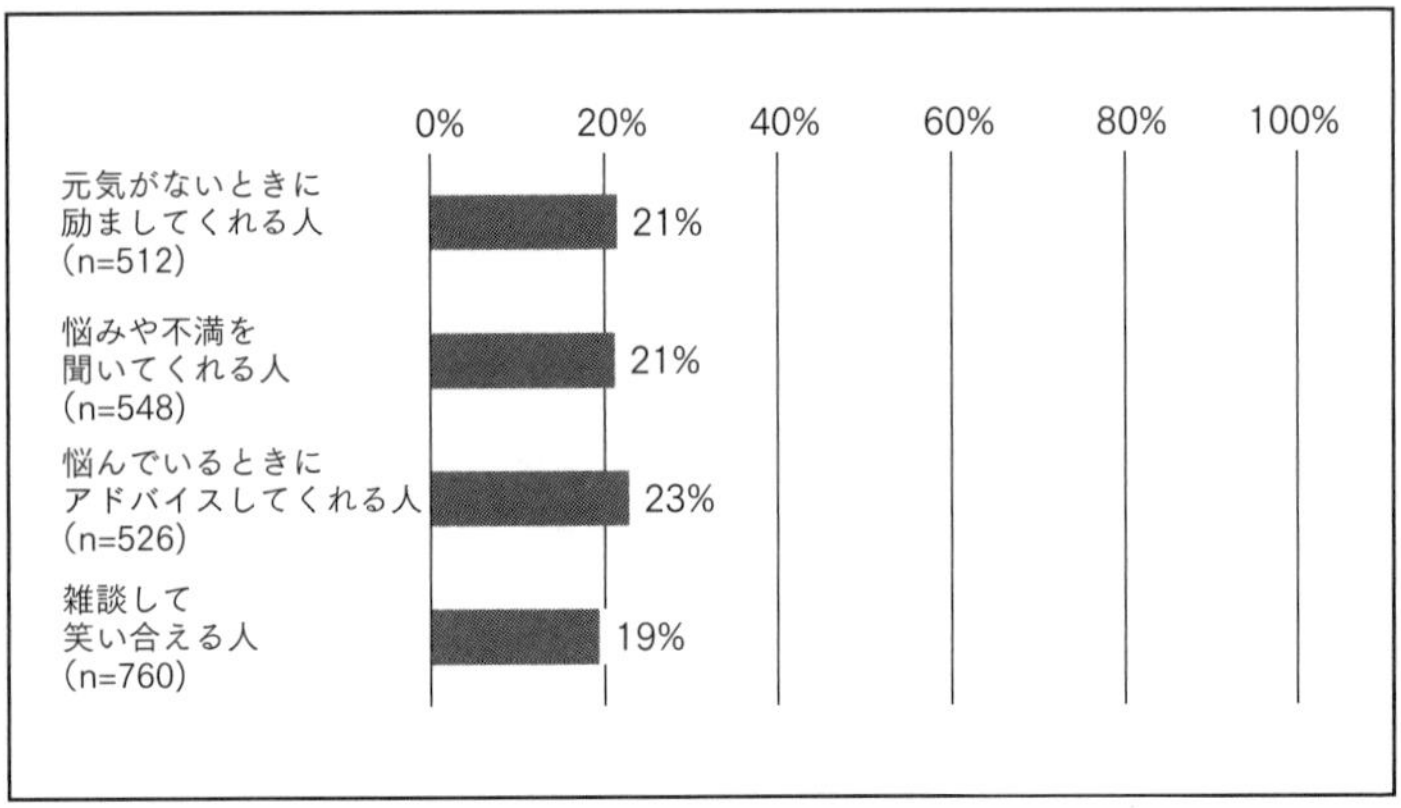

図5　サポートが得られなかった割合
相談したいときに相談相手がいない≒サポートを得られていない人が２割程度存在する

図5は、元気がないとき、悩みがあるときに誰かに話したり、アドバイスを得たりすることができなかった、つまりソーシャルサポートがなかったと回答した人の割合である。元気がないときに励ましてくれる人、悩みや不満を聞いてくれる人などがいないと回答した割合が2割であった。全体の2割と思われるかもしれないが、高校生にとって悩みを相談できる人の存在や他者から支えられていることは、発達上も重要なことである。

高校生が悩みを相談する相手は友人か保護者が多いであろう。友人に相談したり、愚痴を言ったりできないとき、保護者に言えばよいのではないかと思われるかもしれない。しかし、高校生にとって、保護者が友人の代役になることが難しい場合も多い。保護者に相談できる間柄で相談できる内容であったとしても、保護者が仕事などで在宅していないなど物理的に相談できないこともある。休校以前から保護者が家にいることが少ないと回答した者は、家族とのコミュニケーションがとれていないと感じているケースが多かった。保護者が在宅していることが少ない、保護者に時間や余裕がないといった場合は、保護者に相談することに気が引けてしまうこともあるだろう。それ以外にも、保護者に相談ができるような関係性でない場合もある。

このように、休校中に他者とのコミュニケーションが希薄になったことにより、悩みを聞いてくれる人や悩んでいるときに話を聞いてくれたりアドバイスしてくれたりする人、すなわち支えてくれる人が、まったくいない状況になってしまった人もいる。図5からは、四つの項目それぞれでサポートが得られなかった割合が2割程度と見えがちであるが、その2割のうちの半分が4項目すべてに対して【いなかった】と回答していた。つまり、**回答者の1割は、まったくサポートが得られない状態**であった。また、**家族とのコミュニケーションがとれていないと感じている人は、支えてくれる人がいないと感じている割合が有意に多い**ことも明らかになった。

心身の健康

普段と違うことはそれだけでストレスがかかった状態である。今回の休校措置は、突然休校になった、外に出られない、人と会えないというように普段と違う生活を強いられた。

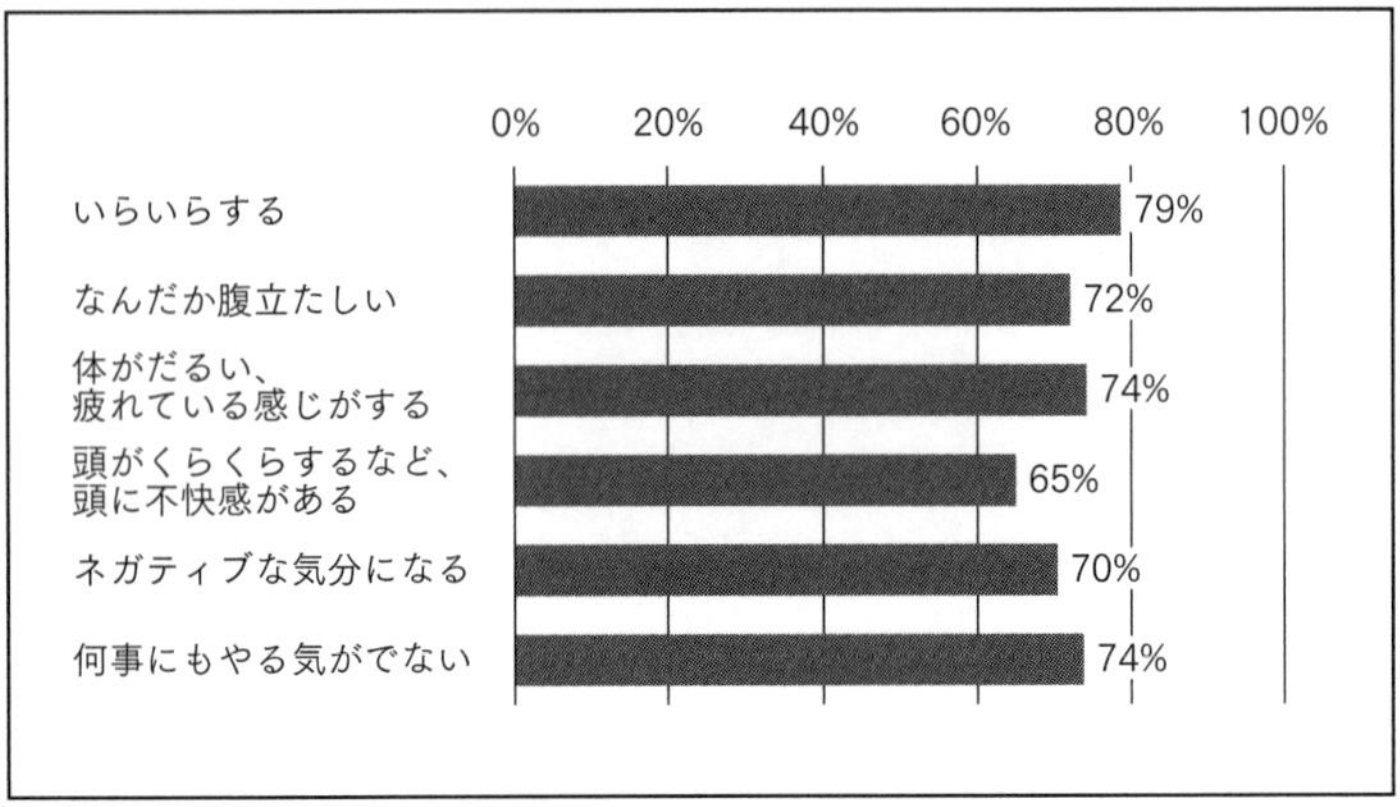

図6　休校中のストレス反応状況
いらいらや体調の悪さなどストレス反応を認識している人が7割超

また、休校が何度も延長され、休校が終わるという展望がもちづらかった。先行きが見えない状態もストレスとなる。長期休業は就寝時間と起床時間が乱れがちであり、それによる自律神経系の乱れは体調不良につながることが知られている。つまり、今回の休校期間中はストレス反応を引き起こす要因が重複していたと考えられる。

　学び続けるには、身体的にも精神的にも元気な状態であることが望ましい。そこで、健康心理学などの分野などで用いられる質問項目によってストレス反応を測定し、把握した。

　調査では、中学生を対象として開発されたストレス反応項目（岡安・嶋田・坂野、1992）[3]を参考にし、ストレス反応を測定した。ストレス反応を測定するための項目にそれぞれに対して、【まったくない】から【しょっちゅうある】の4段階で回答を求める形式である。図6は、【ときどきある】から【しょっちゅう

表５　ストレス反応（高校生・学年別）

		しょっちゅうある	よくある	ときどきある	まったくない
ネガティブな気分になる	１年生	23%	16%	24%	37%
	２年生	17%	24%	33%	26%
	３年生	24%	23%	26%	27%
「もうどうでもいいや」と思う	１年生	22%	13%	21%	43%
	２年生	13%	25%	31%	31%
	３年生	19%	28%	23%	30%
何事にもやる気がでない	１年生	25%	20%	20%	34%
	２年生	21%	23%	32%	23%
	３年生	21%	32%	24%	23%
将来が不安だ	１年生	32%	22%	18%	28%
	２年生	25%	28%	28%	18%
	３年生	37%	32%	18%	14%
χ^2 値（上から順に）34.1***, 22.8***, 30.1***, 17.7** ４項目すべて、自由度 =6、Cramer's V=0.1					

ストレス反応を頻繁に認識（【しょっちゅうある】【よくある】と回答）している割合は、高校３年生が多い

ある】と回答した者の割合を示している。**「頭がくらくらする」など身体症状を自覚している割合は、「いらいらする」などの精神面の症状を自覚している割合に比べると少ないが、それでもおよそ7割である。**[4]

平常時の中学生を対象にストレス反応を測定した岡安ら（1992）の結果と比べると、高校生と中学生と調査対象の違いはあるものの、**休校措置中は、意欲の低下を示す「何事にもやる気がでない」や、身体的反応を示す「頭がくらくらする」の差がみられ、普段に比べるとストレス反応が大きかったことがうかがえた。**

このストレス反応について、学年別で比較すると高校1年生と高校3年生が特徴的であった（表5）。高

3　岡安孝弘・嶋田洋徳・坂野雄二「中学生用ストレス反応尺度の作成の試み」『人間科学研究』第5巻1号、1992年、23-29頁。

4　国立成育医療研究センター「コロナ×こどもアンケート」（2020年）でも、子どものストレスが高まっていることが確認されている。https://www.ncchd.go.jp/center/activity/covid19_kodomo/report/report_01.html（2020年8月4日アクセス）

校1年生は、入学式ができず、休校措置のためにほとんど学校に通えない状況が続いた者が多かった。表5からは高校1年生の場合【しょっちゅうある】と回答している割合が多いことがわかる。実際、1年生に対する配慮が喫緊の課題であるという認識は、社会的にも広く共有されていたのではないだろうか。だが、表5をさらによく見ると、高校1年生ではストレス反応が【しょっちゅうある】と回答している割合も多いが、同時に【まったくない】と回答している割合も多いことがわかる。これに対して、**高校3年生の反応はより特徴的**である。【まったくない】が少なく、【よくある】や【しょっちゅうある】が多いことから、ストレス反応が強いと考えられる。目前に就職や進学を控えながら、休校になって家で過ごすことしかできない状態は、強いストレスになり、将来に対する不安を増すなど精神的にも身体的にも不安定になっていた者も多いと考えられる。

休校期間中は人に会えないことで悩みや不安を相談できず、支えが得られないという人も増やしてしまった。これらをふまえると、今回の休校はストレスをため込みやすい上に、解消できなかった可能性も大きい。

学びの継続

「はじめに」で述べたように、本プロジェクトでは学びを狭義、広義で捉えている。そ

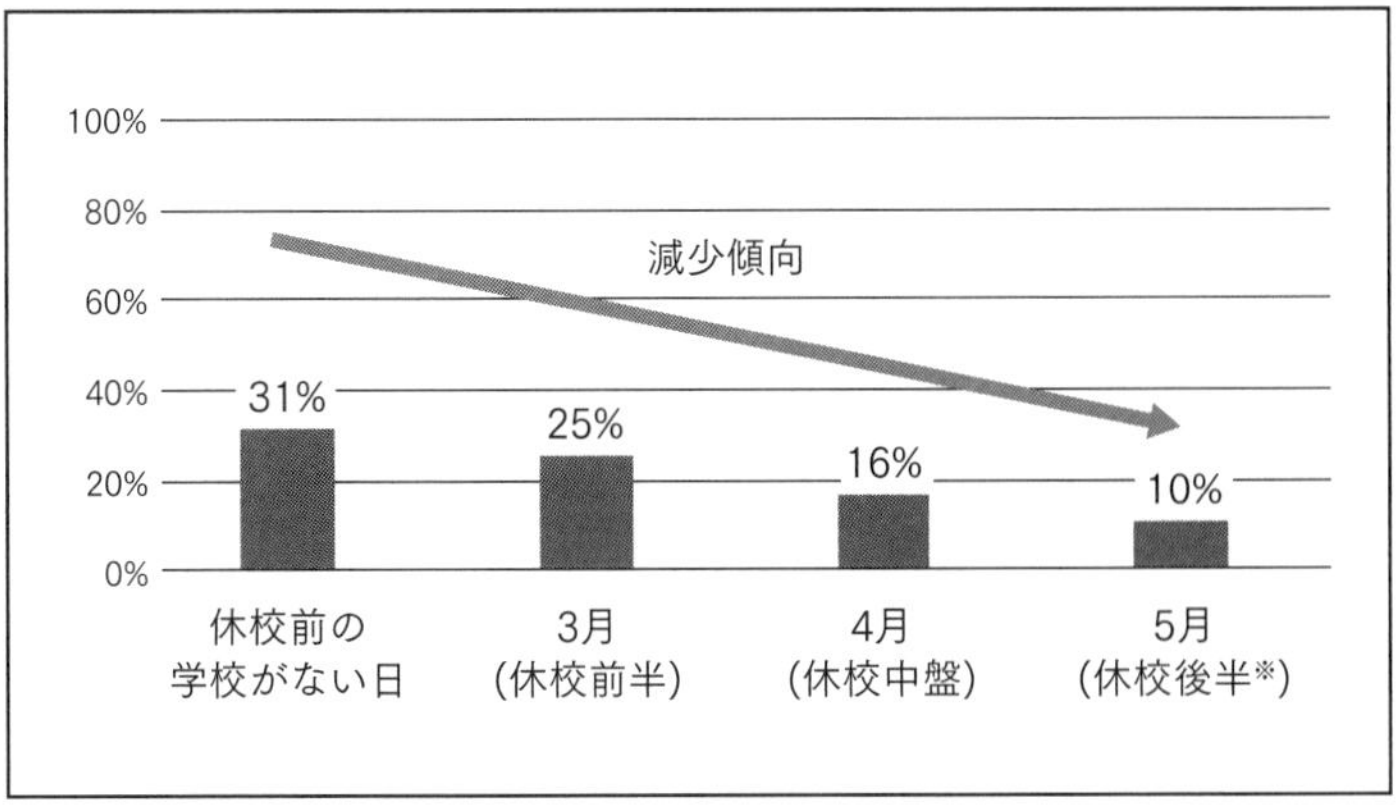

図7　勉強を「ほとんどしない」の割合変化
「ほとんどしない」は、休校期間中に減少傾向（※休校後半は保護者調査データに基づく）

れに対応して、高校生調査では、学びを「学習時間」（狭義の学び）と「成長実感」（広義の学び）という二つの視点で捉え、それぞれの実態を把握した。以下の項では、その結果を検討していく。

①学習時間

調査では、「あなたは休校中にどの程度学習していましたか」に対して、時間を回答してもらい、その回答結果を学習時間として把握した。

図7は、時期別の「(勉強を) ほとんどしない」と回答した割合である。**休校中に「ほとんどしない」と回答する割合は、休校前の学校がない日では31%であったのが次第に減少し、休校後半では10%になっている。**

次に、図8で休校前半と中盤の学習時間について確認しよう。前半、中盤ともに、「ほとんどしない」という回答が最も多いことは変わりないが、その割合は前半よりも中盤の方が少ない。また、前半では、回答の中央値が1時間〜1時間半であったのが、中盤は1時間半〜2時間になるなど増加の傾向がみられる。加えて、中盤の傾向として、どこかが突出して多いのではなく、平坦に近づいている。つまり、**休校前の学校がない日は学習時間が「ほとんどない」者も3割程度と少なからずいたが、休校が長くなるにつれて「ほとんどない」者が少なくなり、学習時間を確保している者が増えている**ということである。

休校前、少なくとも平日は学校に行くことによって5時間程度は授業を受けていたはずで、休日に「ほとんど勉強しない」状態は、1週間何も勉強しない状態ではなかっただろう。休校中の「ほとんど勉強しない」は、学校での授業がないのだから、本当にほとんど勉強しない状態であったと考えられる。休校前は自宅でほとんど勉強しない者も、学校で5時間勉強しているとして、週5日で25時間、自宅で毎日1・5時間勉強する者は自宅学習時間を含めると週5日で32・5時間となり、1週間でその差は7・5時間程度である。これに対して、休校期間中はどうだろうか。学校がないことによって、毎日3時間勉強した者とほとんどしない者では、週5日で15時間の差がついてしまうことになる。休校期間はおよそ13週あったと考えると、勉強していた場合とそうでない場合では、時間だけを考えると相当な差が開いていることになる。もちろん、学習の質を学習時間に還元することはできない。だが、学習の質を高めるためには、ある程度の学習時間が必要なこともまた確かであろう。そうであるならば、休校中に広がった学習時間の差は決して軽視されてよ

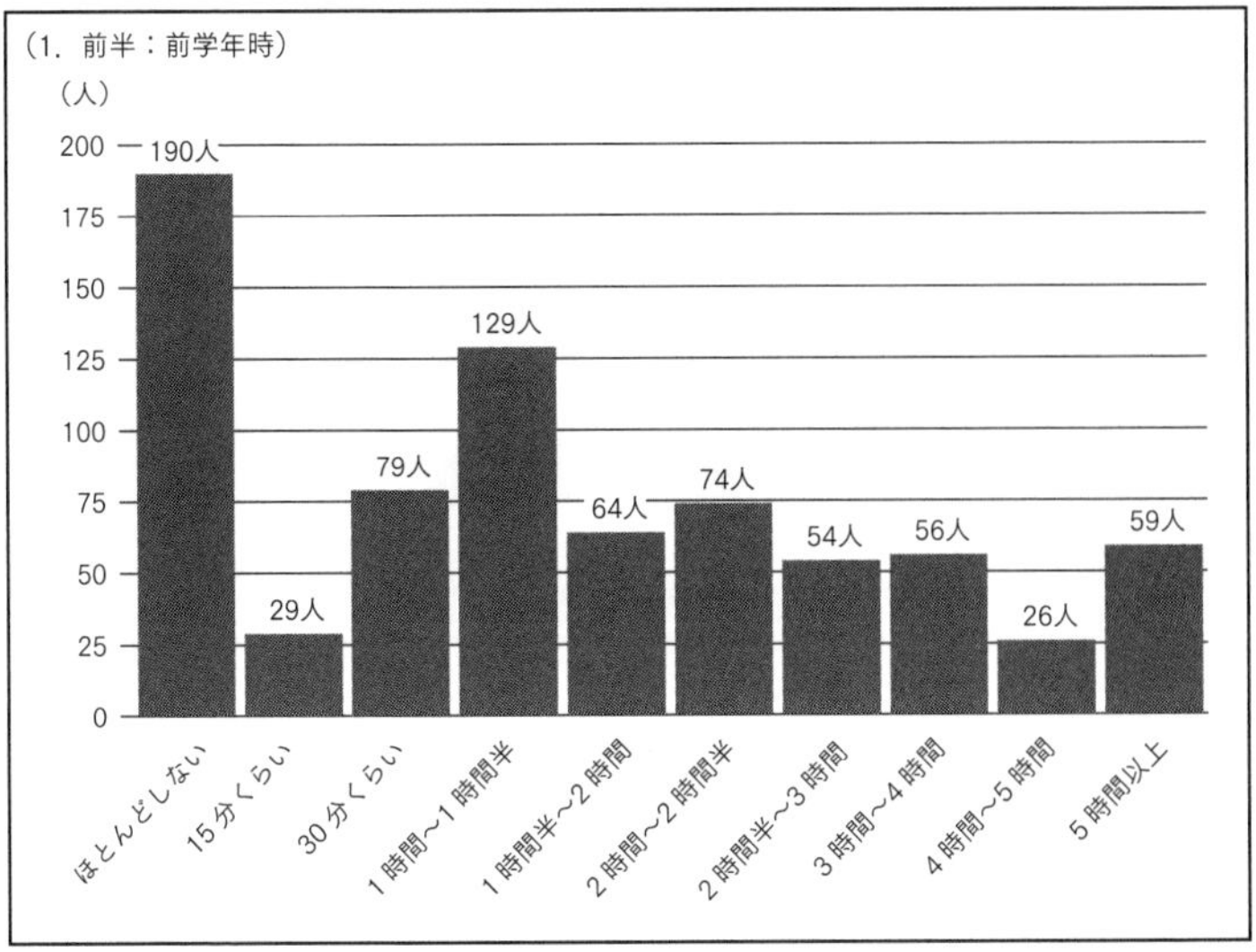

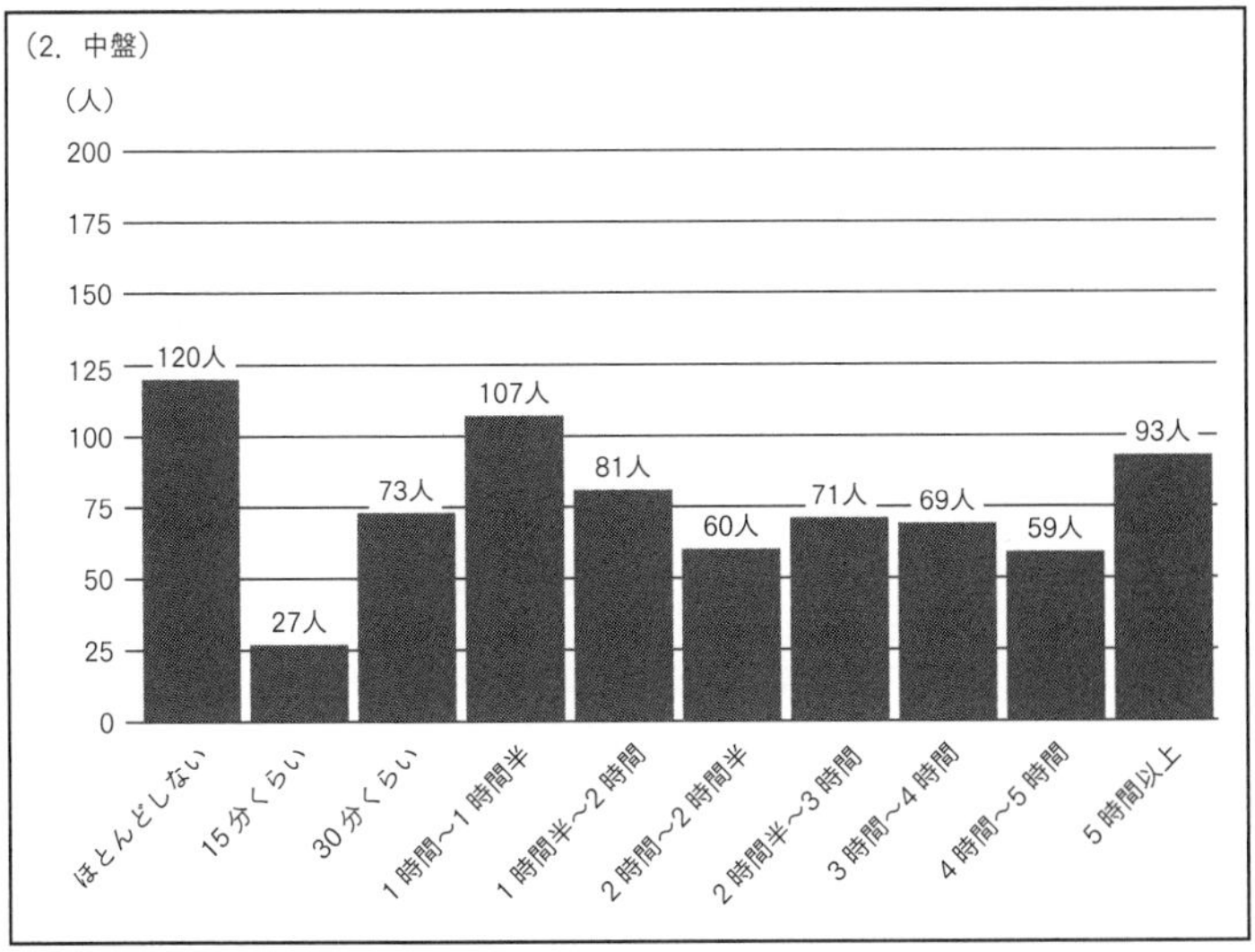

図8　休校中の高校生の学習状況変化（n＝760）
中盤は「ほとんどしない」と「5時間以上」がほぼ同じ割合

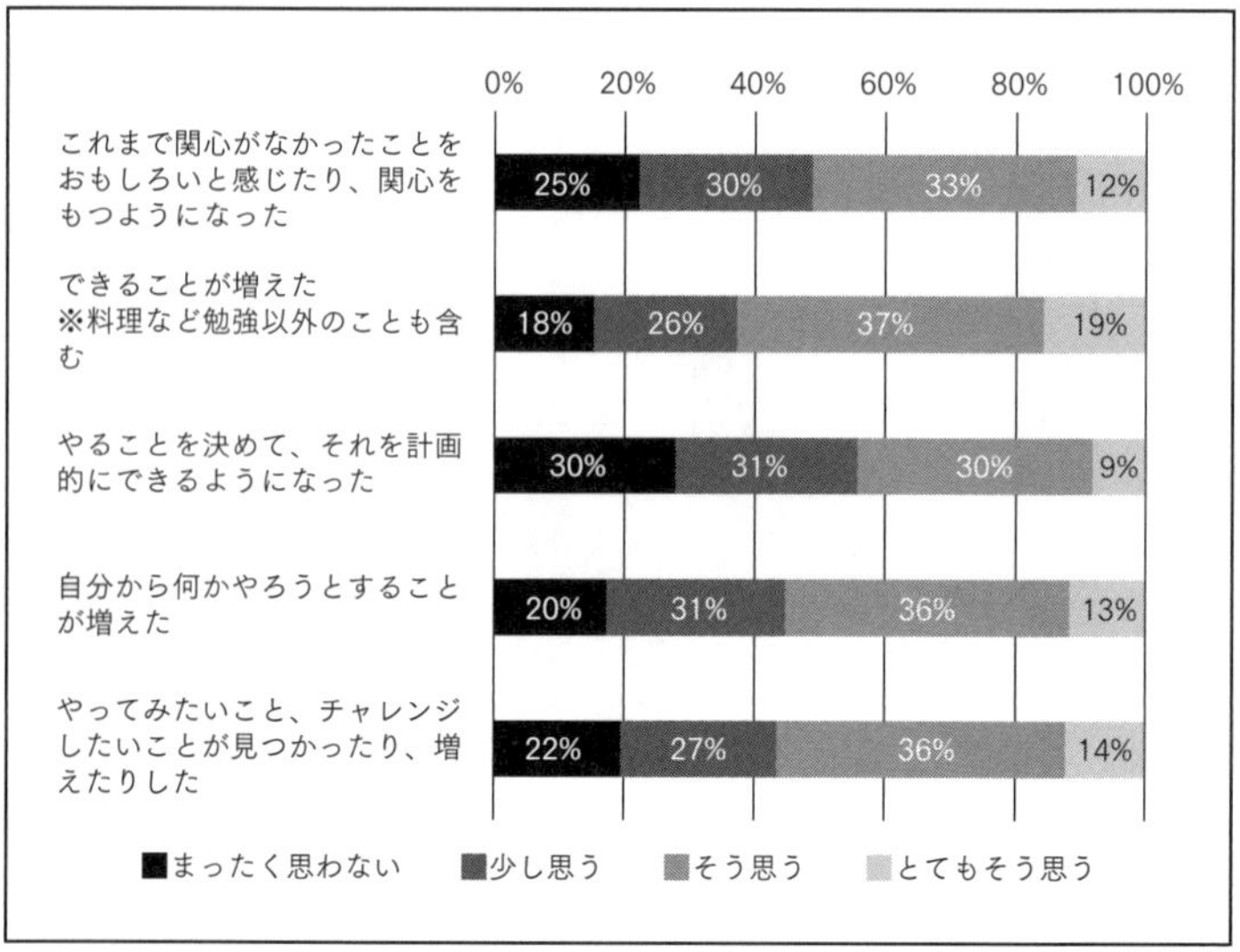

図９　休校中の成長実感（高校生調査　n＝760）
休校によってできることが増えたり、興味をもつことが増えたり、やってみたいことができた者も一定割合存在する

いものではないといえる。

②成長実感

「学び続ける」ことができていたかどうかを検討するための二つ目の視点は、「成長実感」があったかどうかである。「学習時間」が狭義の学びに対応する視点であるとすれば、「成長実感」は、狭義の学びでは捉えられない、より広い意味での学び（広義の学び）を射程に入れた視点である。

今回の休校期間は、新型コロナウイルス感染拡大という特殊な事情のもとで、生活に様々な制限が加えられていた。先に確認したように、こうした状況において強いストレスを感じた人も少なくなかったと考えられる。だが、当たり前だった「日常」が揺らいだり、なんらかの喪失を経験するという出来事は、広い意味での学びを促し、成長の機会になりうるという側面もある。[5] そこで、高校生調査では、そうしたポジティブな変化を把握するために、「これまで関心がなかったことをおもしろいと感じたり、関心をもつようになった」「自分から何かやろうとすることが増えた」「やってみたいこと、チャレンジしたいことが見つかったり、増えたりした」などの項目に対して、【まったく思わない】から【とてもそう思う】の6段階で回答を求めた。[6] さっそく、休校中の高校生の「成長実感」[7]に関する結果を検討していこう。

図9は、「成長実感」に関する項目に対する回答状況を集計したものである。それぞれの項目について、【まったく思わない】が2割程度、【とてもそう思う】が1割程度存在している。【そう思う】と【とてもそう思う】を合わせると、**半数程度の高校生が休校中に**

---

5 ここで念頭においているのは、「心的外傷後成長」に関する研究群である。心的外傷後成長とは、危機的体験（自然災害や犯罪被害、交通事故、大きな病気、親族や友人の突然の死など）のあとに、通常の生活では起きづらい変化（成長）が起きることをいう（宅香菜子『外傷後成長に関する研究―ストレス体験をきっかけとした青年の変容―』風間書房、2010年）。今回の休校措置や、新型コロナウイルス感染拡大による日常生活の変化全般を「危機的体験」と捉えるかどうかは、個人差が大きい。だが、明らかに学校のある日常とは異なっていたことも事実であり、心的外傷後成長に類する変化が生じている可能性は十分に考えられる。

6 調査票では6段階で回答を収集。6段階のうち、【2 ほんの少しそう思う】【3 少しそう思う】→少し思う、【4 まあまあそう思う】【5 そう思う】→そう思う、として集計。

7 調査時点での認識に関する項目の因子分析を行った結果、図9に示した5項目が因子のまとまりとして抽出された。この5項目が「成長実感」を構成する項目である（信頼性係数クロンバックのα〔以下、αとのみ表記〕=.91）。

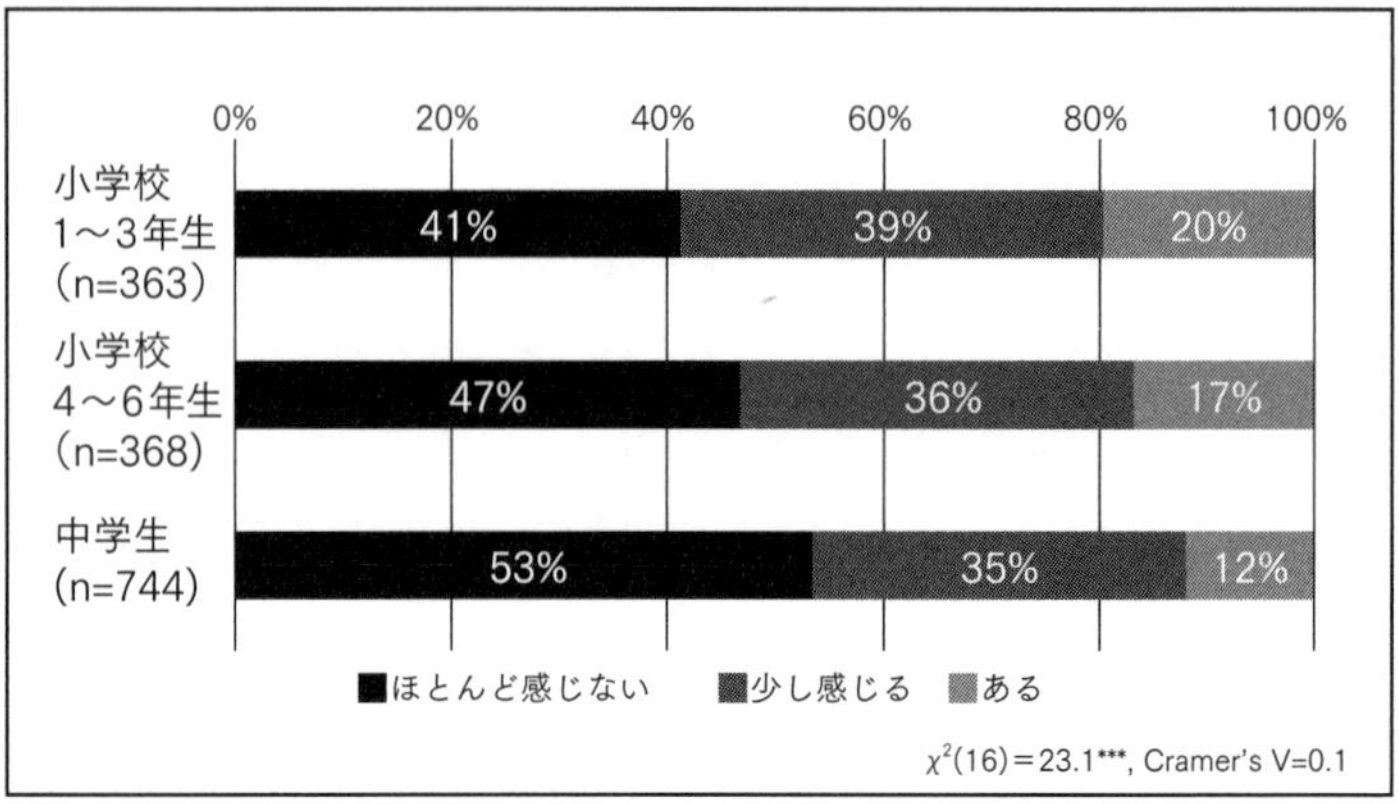

図10　新たなことを始めた割合（保護者調査、長子が小・中学生の保護者　n=1475）

自身の子が新たなことを始めたと認識している保護者が半数程度存在する

「成長実感」があったと回答していることがわかる。

　こうした傾向は、高校生だけでなく、小学生や中学生にも当てはまるようだ。保護者調査のデータを見てみると、小学校1〜3年生・小学校4〜6年生・中学生ともに、やはり半数程度の子どもたちが休校中に新たなことを始めている様子がうかがえる（図10）。

　なお、「成長実感」に関する項目に対して【そう思う】と回答している高校生は、「自分なりのペースで勉強を続けている」「休校中に家の中での役割（家事などの仕事）を新たに与えられた」「時間があるときにしかできないことに取り組んでいる」といった項目にも【あてはまる】と回答していることが多い。このことから、「成長実感」の中で言われている「関心をもつようになったこと」や「できるようになったこと」「チャレンジしたいこと」とは、具体的には、新たに分担するようになった家事や、時間があるときにしか取り組めないような趣味などを指しているのではないかと推測される。いずれにせよ、「成長実感」についての調査結果を見る限り、**狭義の「学習」では捉えられない、より広い意味での学びは、休校中にも多くの子どもたちに経験されていたものと思われる。**[8]

ところで、このような広い意味での学びは、今回の休校が通常の長期休業とは異なり、「余白」の大きい休校期間であったからこそ生じた可能性がある。以下では、この点について検討してみたい。

今回の休校が夏休みや冬休みと異なるのは、期間の長さだけではない。先に示したようにいつ終わるかわからない、部活がない、友人にも会えない、というのも大きな違いである。そして、もう一つの違いは、休校が政府から突然要請され、そこから数日間で実施されたことではないだろうか。

通常、夏休みや冬休みなどの長期休業の前には「準備期間」のようなものがある。教員は、生徒の成長を願って、もしくは長期休業中に生徒が時間をもてあまさないように、課題を出したり、部活の予定を立てたりすることだろう。生徒も、休みが始まる前に遊びも含めて計画を立てるだろう。しかし今回は、こういった準備期間がないままに長い休みが

8 内閣府「新型コロナウイルス感染症の影響下における生活意識・行動の変化に関する調査」（２０２０年）https://www5.cao.go.jp/keizai2/manzoku/pdf/shiryo2.pdf（２０２０年８月６日アクセス）では、「今回の感染症の影響下において、新たに挑戦したり、取り組んだりしたこと」として、10代は「本格的な趣味」を挙げる割合が最も多くなっている。

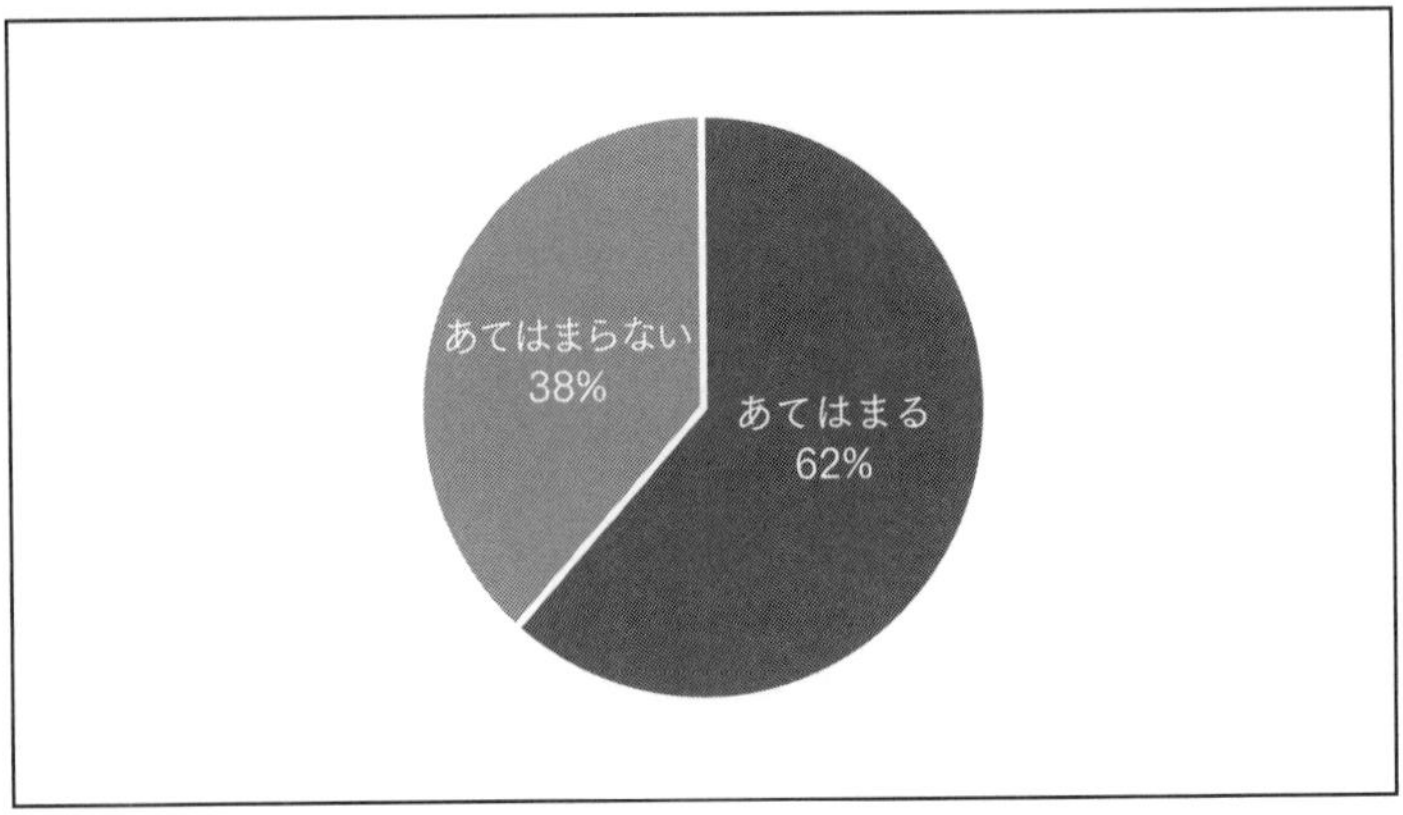

図11 「何をして過ごせばよいのかわからない」に対する回答
回答した高校生の6割が「何をして過ごせばよいかわからない」と感じていた

始まった。

いつもと違う長期休業、すなわち準備期間のない長期休校の開始によって、高校生は「何をしてよいのかわからない」という状態になった。図11からは、「何をして過ごせばよいのかわからない」に対して【あてはまる】と回答した者が6割を超えていることがわかる。「何をして過ごせばよいのかわからない」という状態は、一見とてもネガティブな状態に思われる。

しかし、どうもネガティブな面だけではないようなのである。図12からは、「何をして過ごせばよいのかわからない」という状況は、いずれ「何もすることがなくてまずい」と感じるようになる可能性を示している。さらに図13では、「何もすることがなくてさすがにまずい」という状況と「成長実感」との関連が示唆されている[9]。

つまり、**「何をして過ごせばよいのかわからない」という状況は、「何もすることがなくてまずい」とい**

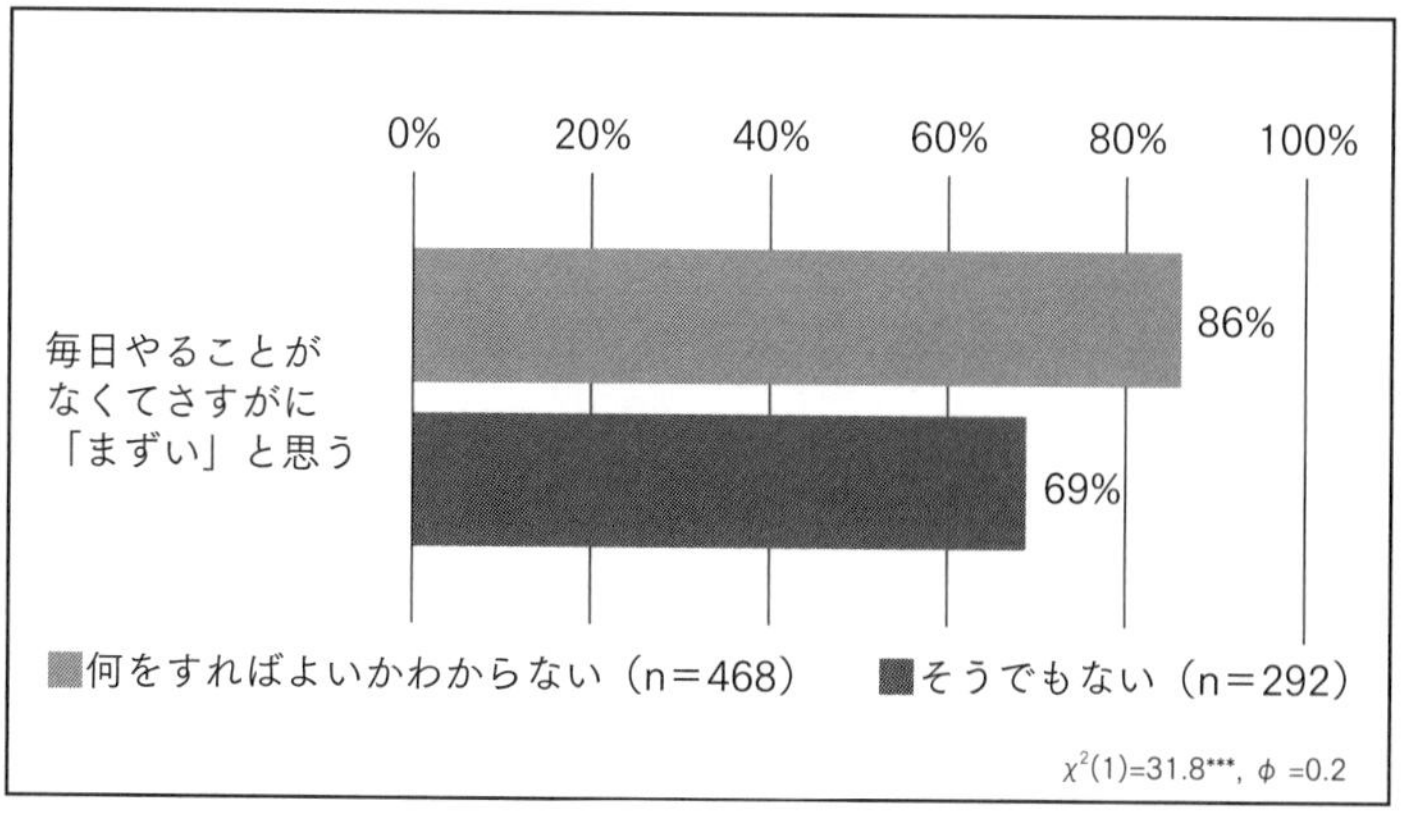

図12 「毎日やることがなくてさすがにまずいと思う」割合
休校中「何をして過ごせばよいのかわからない」と感じている人の中には、その状態に対して危機感をもっている者もいた

う焦りのような感情を生み、さらに、そうした焦りのような感情が「何かやってみようか」という意識面・行動面の変化、ひいては「成長実感」につながる場合もあると考えられるのである。これは、事前の準備や計画によって行動が一定程度規定される通常の長期休業や、「学校がある」通常の生活では起こりにくいことでもある。言い換えれば、**広い意味での学び（成長実感）は、「余白」のある休校期間だったからこそ生じた可能性がある**ということだ。実際、高校生調査では「時間があるときにしかできないことに取り組んでいる」「休校期間を自分なりに有意義に過ごしている」といった項目に7割程度が【あてはまる】と回答して

9 図11～図13に示す集計について、調査では各項目について【まったくあてはまらない】から【とてもあてはまる】の6段階から択一してもらった。図中では、【とてもあてはまる】から【どちらかといえばあてはまる】を【あてはまる】、【まったくあてはまらない】から【どちらかといえばあてはまらない】を【あてはまらない】として集計している。

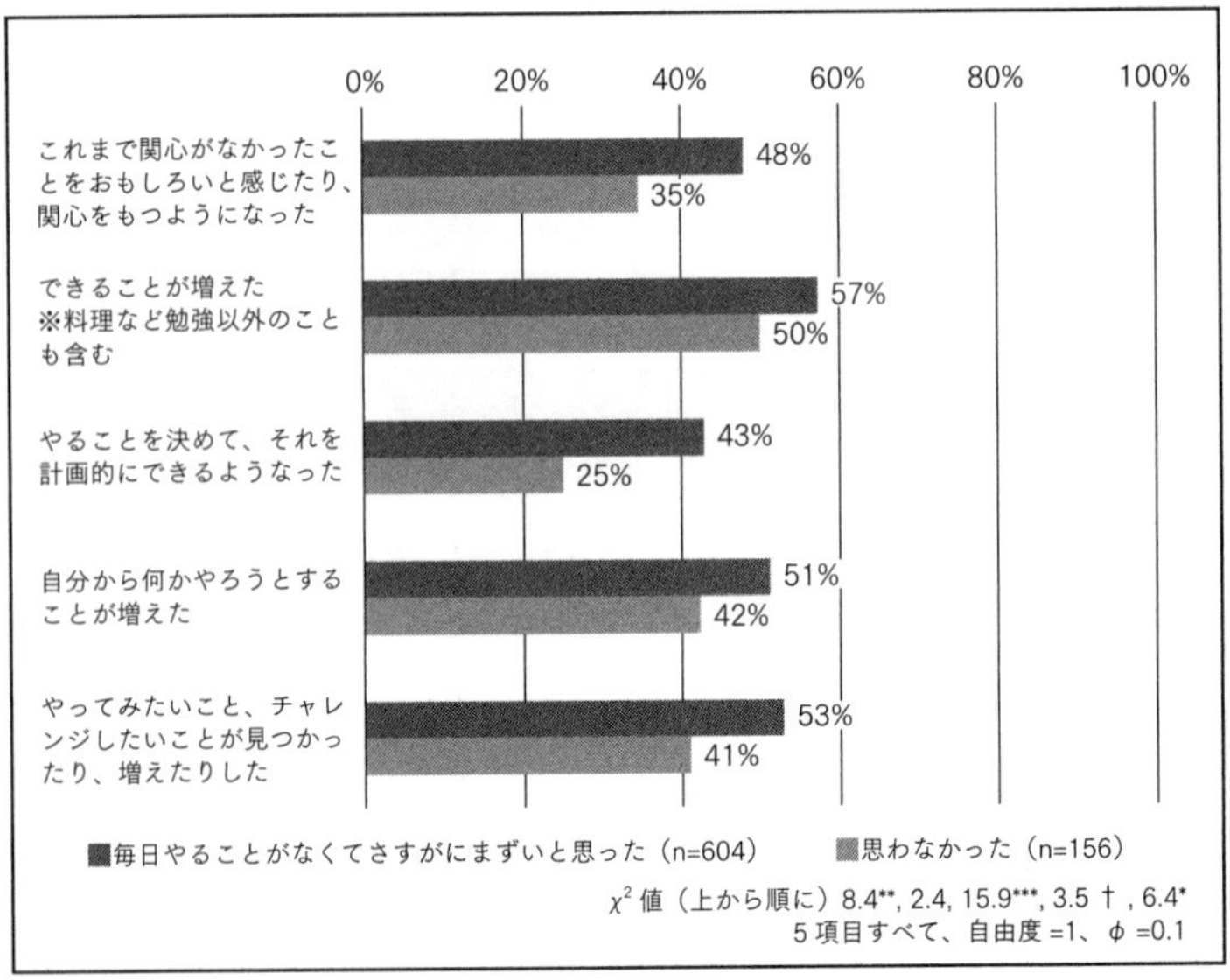

図 13 「やることがなくてさすがにまずいと思うこと」と行動変化（成長実感）

「やることがなくてさすがにまずい」と感じ、やることを見つけようと行動を起こした者もいると考えられる

いる。このように、今回の休校の特殊性を生かして休校期間を前向きに過ごしていた高校生がいたこともわかっている。

まとめよう。今回の休校は、「何をして過ごせばよいのかわからない」といったような、「余白」のある時間を意図せず生み出した。この「余白」は、もちろん無気力状態や生活リズムの乱れのようなネガティブな状態につながることもあるが、「成長実感」のようなポジティブな変化につながりもする。調査結果から示唆されたのは、広い意味での学びが生まれる背景の一つに、「余白」のある時間が考えられるということである。そうであるとすれば、「余白」がもつポジティブな可能性は、今回のような非常事態においてだけではなく、普段からこれまで以上に意識されるべきなのかもしれない。

さて、本節ではここまで、「他者とのつながり」「心身の健康（ストレス反応）」「学びの継続」という三つの観点から、休校中の子どもたちの生活実態を整理してきた。明らかになったポイントを改めて振り返ってみよう。

①休校中、特に家族以外の他者とのつながりが希薄になりがちであった。高校生調査の回答者のうち1割が、困り事や悩みがあったときに支えてくれる人がまったくいない（ソーシャルサポートがない）と回答している。

②休校中、普段と比べて、心身ともに強いストレスを感じていた子どもが多かった。学年別に見ると、とりわけ高校1年生と高校3年生のストレス反応が顕著であった。

③休校が長引くにつれ、学習時間が「ほとんどない」者は少なくなっていった。だが一方で、学習時間を確保できた者とそうでない者との差が広がっていったことが明らかになっている。

④休校中、半数程度の高校生が、新しいことに興味・関心をもてるようになるなど、なんらかの「成長実感」があったと回答している。いわゆる「学習時間」では捉え切れない広い意味での学びが、休校中に一定の割合で生じていたと考えられる。

本節に続く第3節および第4節では、こうした子どもの生活実態をふまえて、休校中に学校や保護者が子どもに対してどのようなサポートを行ったのかを整理していく。

3　学校の取組

第2節では、休校中の子どもの生活、学びの様子を確認してきた。子どもたちは突然訪れた休校にストレスを感じながらも、友人とSNSのメッセージでやりとりし、勉強したり、家事を手伝ったりしながら日々を過ごしていた。一方、本来は子どもの学習を支援する役割を担っている学校では、休校中どのような取組がなされていたのであろうか。本節では、休校以前のICT活用をふまえた上で、休校中盤の学校からの連絡状況、休校後半のオンラインを使った取組について確認していく。

学校のICT活用

生徒が学校に来ない状態にもかかわらず教員が生徒とコミュニケーションをとるにはなんらかの手段（コミュニケーションチャネル）が必要である。今回の休校では、インターネットを介した教員と児童生徒とのコミュニケーションが注目された。インターネットを介したコミュニケーションを行うためには、お互いにネットワーク環境が必要であるし、スキルも要する。休校以前からICTが活用されていたかどうかが、休校中の教員と生徒のコミュニケーションに影響を及ぼしていた可能性がある。そこで、本節では休校以前の学校内でのICT活用状況について、高校生の認知をもとに確認する。[10]

具体的に数値を確認する前に、学校でのICT活用状況について尋ねた項目の内容（図14の5項目）について確認しておきたい。図14中の「学習目的で生徒自身のPC、タブレットの校内利用可能」という項目は、一人一台PCという環境かどうかはわからないものの、学校内でPCやタブレットが学習目的で利活用されている状況と捉えられる。また、「電子ファイルでの課題提出あり」という項目で念頭においているのは、学習履歴管理システムの導入[11]がなされているかどうかということである。というのも、学習履歴管理システムを導入している学校では、システムから電子ファイルで課題提出を行わせることで履歴管理を行っている学校が多いからである。すなわち、この項目に【あてはまる】と回答

10　学校のICT活用については高校に通ったことがない1年生の回答は除外し、2年生と3年生のみ（回答者545名）を分析対象とした。本項で提示するのは、高校生調査の回答データの集計に基づいており、学校がシステムを導入しているかどうかという事実ではなく、高校生の認知に基づくことに注意が必要である。

11　新入試への対応を目的として学習履歴管理システム（いわゆるポートフォリオシステム）を導入する高校が増えてきていた。例えば、この分野の大手Classiによれば、日本全国の高校のうち、2校に1校（約2500校）が同社のサービスを利用している。https://classi.jp/about（2020年9月8日アクセス）

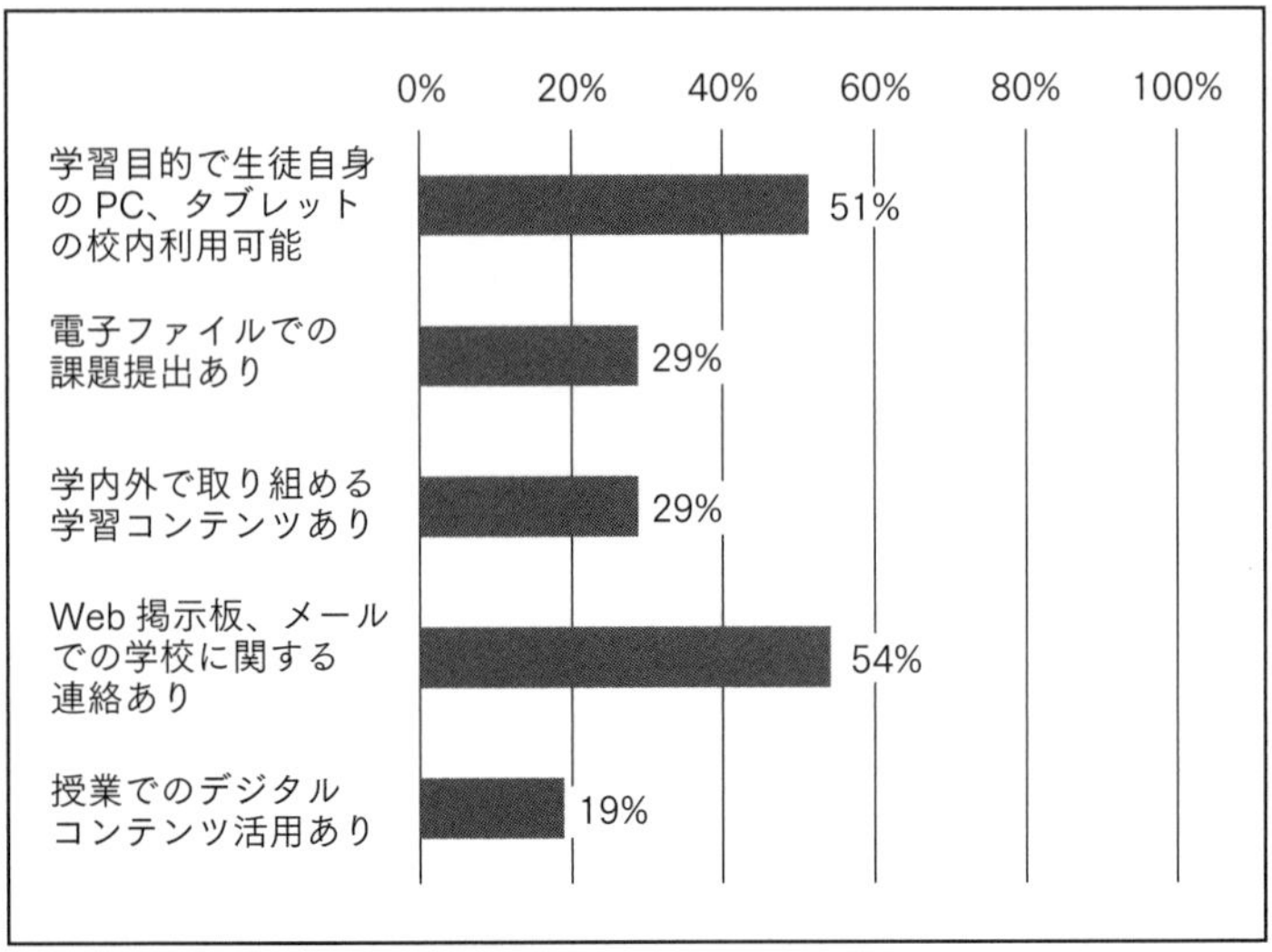

図14　休校前のICT活用状況（高校2-3年　n＝545）
電子メールやWeb掲示板を使った連絡はされているが、それ以外の項目からは日常的にICT活用されているとはいい難い

していれば、学習履歴管理システムが学校に導入されている可能性が高いといえる。同様に、「学内外で取り組める学習コンテンツあり」という項目では、動画での学習コンテンツや確認テストなどを付加したサービスの導入状況[12]が念頭におかれている。「Web掲示板、メールでの学校に関する連絡あり」は、自校のWebサイトやメーリングリストによって在校生や保護者に対して情報発信がなされていると考えられる。「授業でのデジタルコンテンツ活用あり」はシステム導入にかかわらないが、教室のネットワーク環境、教員がデジタル教材を活用しようとする意思や活用できる能力などが関連する項目である。

これらの項目のうち、「Web掲示板、

メールでの学校に関する連絡」は54％の生徒が活用されていると認識している。また、「電子ファイルでの課題提出」について【あてはまる】と回答している生徒（先に述べたように、こうした生徒が通う学校では、学習履歴管理システムが導入されている可能性が高い）や、「学内外で取り組める学習コンテンツ」があると回答している生徒は3割に満たない。大手のサービス（注11および注12を参照）やｅポートフォリオの導入[13]は半数の高校で進んでいるにもかかわらず、学校でのＩＣＴ活用状況に関する高校生の回答を示した図14からは、それらのシステムが普段から活用されていると生徒には認識されていない様子がうかがえる。

学校からの連絡（内容と頻度）

休校にともない学校に行けない状況の中で、行事の連絡や課題の連絡も教員と生徒とのコミュニケーションの機会になっていたであろう。休校中盤の学校からの連絡内容と頻度

12　例えば、この分野の大手リクルートによれば、約２５００校が同社のサービス（スタディサプリ）を導入している。https://teachers.studysapuri.jp/reason（２０２０年12月22日アクセス）
13　河合塾『Guideline』特別号２０２０　32頁参照。https://www.keinet.ne.jp/magazine/guideline/backnumber/19/0102/section2.pdf（２０２０年12月24日アクセス）

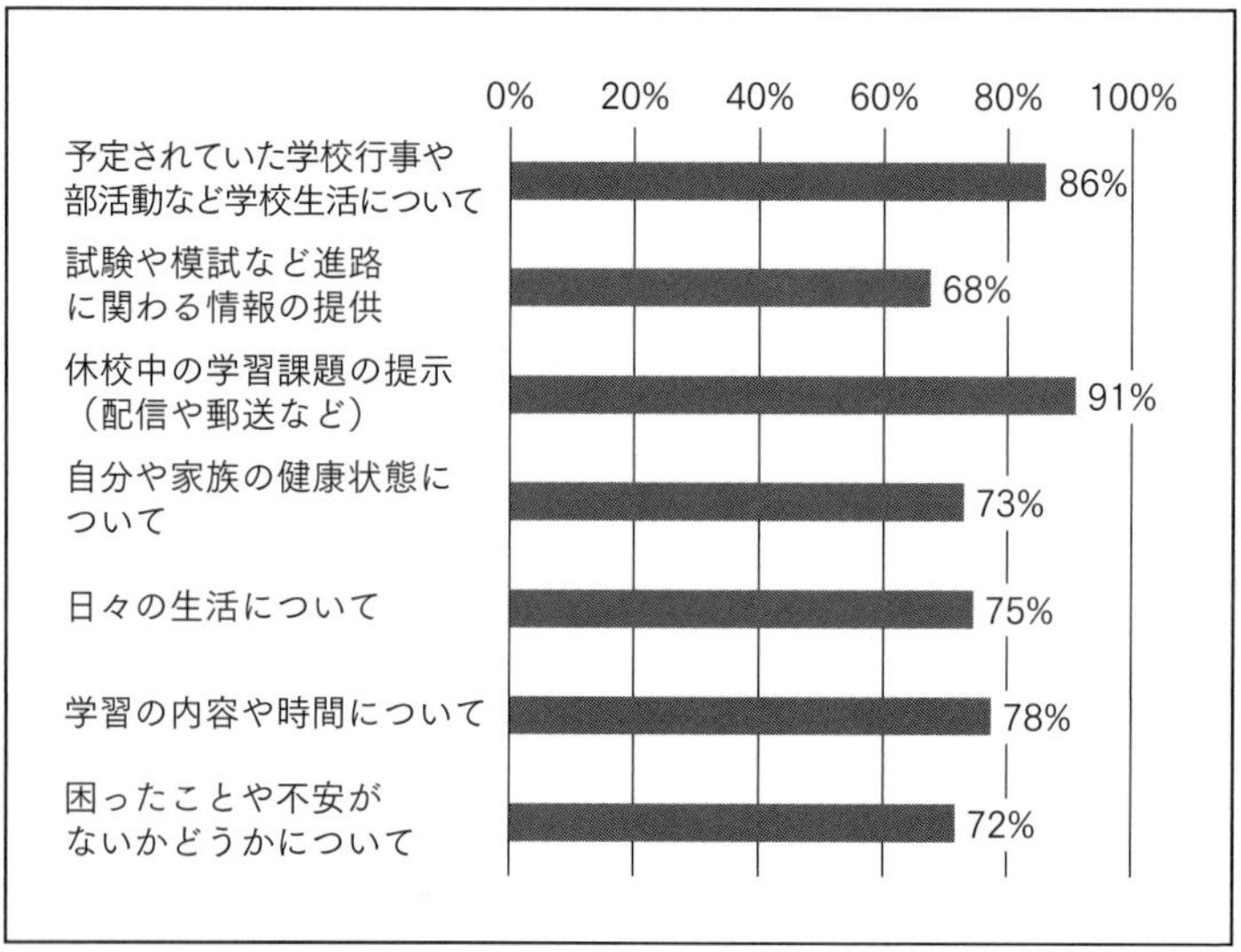

図15　学校から一度でも連絡があった内容（休校中盤）
学校から行事や課題に関する事務的な連絡はあったが、生徒が自身の生活について話す機会がなかった者もいる

について、高校生調査の結果を用いて確認する。

図15は、休校中盤（4月）に、それぞれの内容の連絡が学校から一度以上あったと回答した割合である。入学式や始業式をはじめとする「予定されていた学校行事や部活動など学校生活」について86%の生徒が、「学習課題」について91%の生徒が、連絡があったと認識している。それに比べると、「自分や家族の健康状態」や「困ったことや不安」について尋ねられたと認識している者は、7割程度である。学校からは事務的な連絡のみだったと感じた者もいるかもしれない。

図16[14]は休校前半（3月）と休校中盤（4月）の連絡頻度を公立私立別に示したものである。公立高校では、3月と4

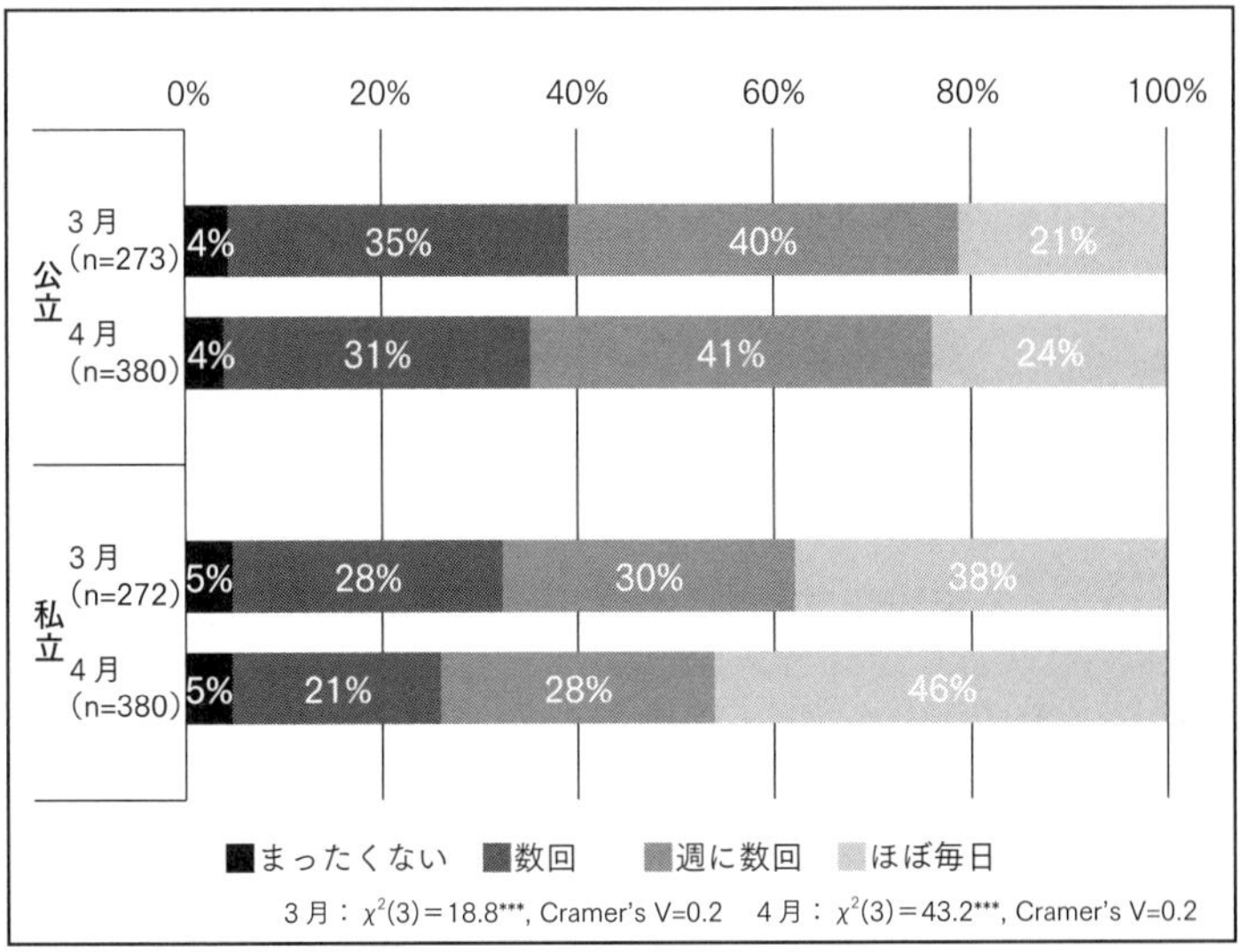

図16　学校からの連絡頻度（月別・公立私立別）

私立高校に通う生徒の4割超が休校期間中「ほぼ毎日」学校とやりとりがあったと回答している。一方で公立高校に通う生徒は「ほぼ毎日」と回答したのは2割程度である

月の連絡頻度は大きく異なっていないが、私立高校では、前半に比べると中盤の連絡頻度が増えており、私立高校に通っている生徒の46％が【ほぼ毎日】と回答している。この結果からすれば、休校前半から中盤にかけてコミュニケーションに関わる取組は、公立高校に比べて私立高校でより進んだものといえるだろう。

休校後半の学校の取組

多くの教員や保護者が、休校による学習の遅れを気にかけていたし、休校が明けてからもその影響について言及する声

14　連絡頻度は内容にかかわらず何度連絡があったのかを示している。3月は当時1-2年生、4月は回答者すべてを集計対象とした。

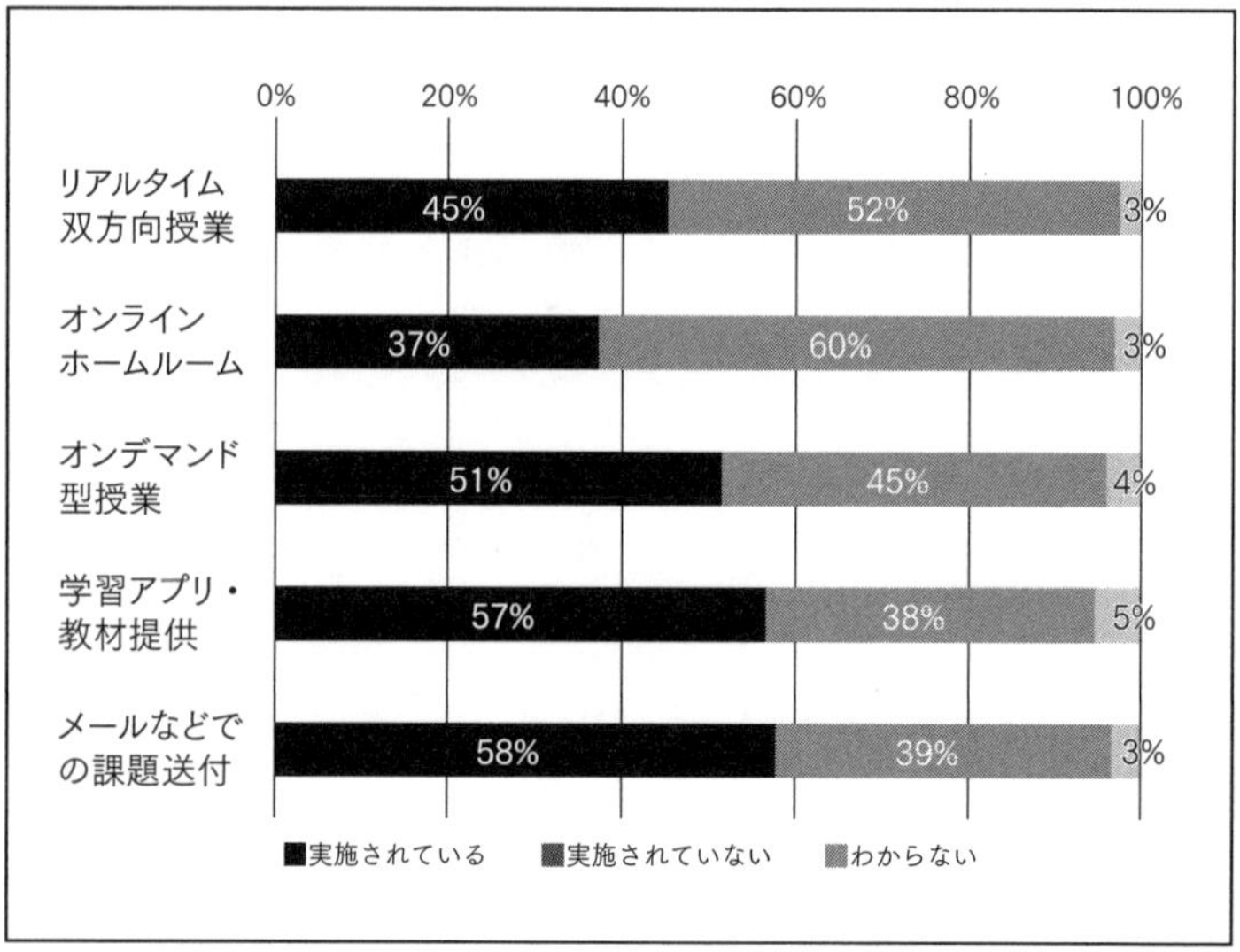

図17　休校後半学校からのオンラインコンテンツ提供内容（保護者調査、n=1651）

それぞれ半数程度の学校が提供している

は多い。文部科学省（2020）[15]の調査によればほとんどの学校で「教科書や紙の教材の活用」による課題が出されるなど、休校中にも子どもの学びをとめないための取組は続けられていた。

ここでは、保護者調査の回答データ（子の学習に自分自身が関わっていると回答した1651人を分析対象とした）を用いて、5月末時点での学校の取組についてより詳細に確認していこう。第1節で述べたように、休校は大きく前半、中盤、後半に分けられ、保護者調査は後半の最後（5月最終週）に行っている。つまり、ここで示すのは、4都県在住の保護者たちが認知している、休校後半（5月末時点）での学校の取組である。

保護者調査では、休校中の学校の学習

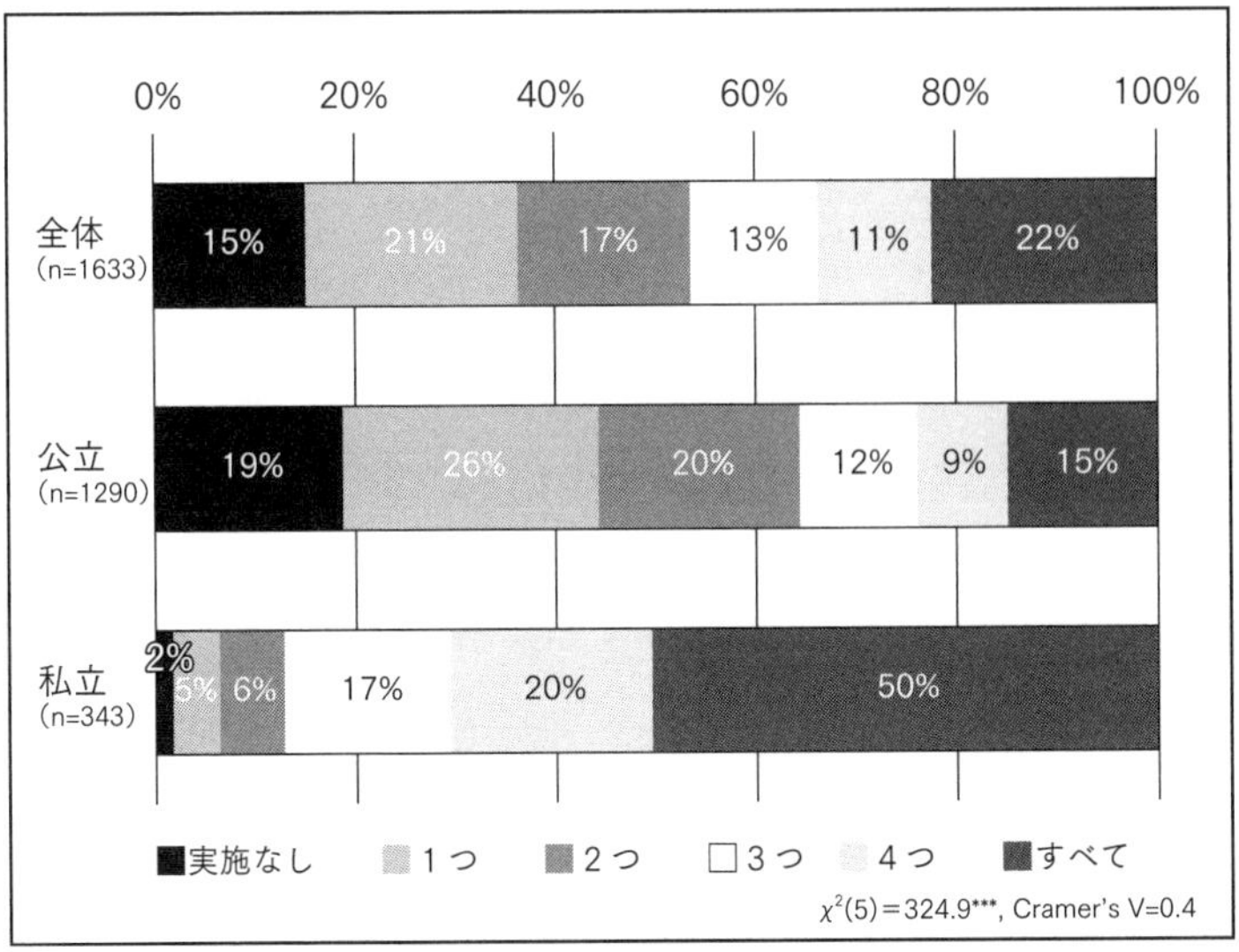

図18　学校からのオンラインコンテンツ提供種類数（公立私立別、保護者調査）
通っている学校が公立校の場合、オンラインでの取組がなかったのは２割程度。ただし、小学校、中学校などの学校種別を考慮していないため、注意が必要

に関する取組状況と、それらに子どもがどの程度参加したり、取り組んだりしているのかを尋ねている。学校が休校中に行った学習に関する取組は、主に五つであった。①Zoom や Google Meet といったオンライン会議アプリを使ったリアルタイム双方向授業、②同じ仕組みを用いているが朝や夕方だけつながるオンラインホームルーム、③録画した授業動画を YouTube やテレビを利用して配信・放送するオンデマンド型授業、④学校で契約した既存の学習アプリやオンライン教材の利用推進、⑤メールなどでの課題

15　文部科学省「新型コロナウイルス感染症の影響を踏まえた公立学校における学習指導要領等に関する状況について」（２０２０年）https://www.mext.go.jp/content/20200717-mxt_kouhou01-000004520_1.pdf（２０２０年8月4日アクセス）

の送付の五つである。回答者である保護者には、五つの項目に対して学校から提供されているかどうかと、子どもがどの程度取り組んでいるかを選択してもらった。

はじめに、学校からどのようなオンラインコンテンツの提供があったかを図17で確認してみよう。「オンラインホームルーム」については【実施されている】の回答割合がやや低いものの、ほぼすべての項目について半数程度の保護者が学校から提供があったと回答している。[16] 一方、図18からは、オンラインでの取組がまったく実施されなかったと回答した（五つの取組すべてで【実施なし】と回答した）保護者は全体の15％にすぎず、大半の学校ではオンラインでの取組が何かしらの形でなされていたことがわかる。また、そうした取組は多くの場合、五つのうちどれか一つではなく、例えばリアルタイム授業と課題、オンラインホームルームとオンデマンド型授業などのように組み合わせて展開されていたこともわかる。ただし、学校のオンラインの取組は公立と私立で大きく異なっている状況であった（図18）。

4 保護者の子への関わり

今回の休校は突然開始されたものであると同時に、どのくらいの期間で学校再開となるかの見通しが立たない中で長期化していった。そうした中で、保護者には、子どもの生活と学びを支える責任や負担が集中していたものと考えられる。休校中、保護者はどの程度、またどのように子に関わっていたのであろうか。ここでは、保護者調査データを用いて、休校中になされた保護者の子への関わり（以下、子への関わり）について確認していく。

はじめに、本調査で子への関わりをどのように捉えているのかを説明したい。保護者調査では、表6に示した九つの項目を休校中にどの程度行っているかについて、【まったくしていない】から【とてもよくしている】の6段階で回答を求めた。

分析の結果、子への関わりは、表6に示したように生活に関連した「声かけ」、学習（いわゆる勉強）に関連した「学習管理」、体調変化に配慮する「体調管理」の三つに分け

16　調査対象が首都圏在住者であること、インターネット調査モニターであることを考慮する必要がある。

表6 「保護者の関わり」の質問項目

声かけ	休校中、一番上のお子さんが生活リズムを崩さないよう声をかける
	休校中、一番上のお子さんが、朝、起きてこなければ声をかける
	家事など、家の中での新たな役割・仕事をお願いする
学習管理	休校中、勉強しているかどうかを一番上のお子さんに尋ねる
	休校になってから、新たな教材（通信教育、塾を含む）や学習コンテンツを一番上のお子さんにすすめる
	休校以降、テレビやインターネットなどで、子どもの学習に関する情報を収集している
	休校中、学校から出されている課題を把握している
体調管理	休校中、心身の調子に変化がないか一番上のお子さんに尋ねる
	休校中、心身の調子が悪そうなときに一番上のお子さんに声をかける

※回答者に複数の子がいる場合、誰について回答するかを明確にするために、調査では長子について回答を求めた。このため、「一番上のお子さん」と項目に明記している

られる。これら三つの関わりについて分析を進めていく。[17]

子への関わりと子の学齢

まず、子への関わりと子の学齢の関係を確認してみよう。図19[18]から、「声かけ」や「学習管理」は、小学生4年以降右下がりになっていることがわかる。「体調管理」については、学齢と関わりの明確な比例関係はみられない。つまり、「声かけ」や「学習管理」は子の成長にともなって関わりが減っていくと考えられる。

もう少し詳しく見てみよう。子への関わり方によって「三つの関わりすべてが少ないグループ」反対に「三つの関わりすべてが多いグループ」「関わりの中で

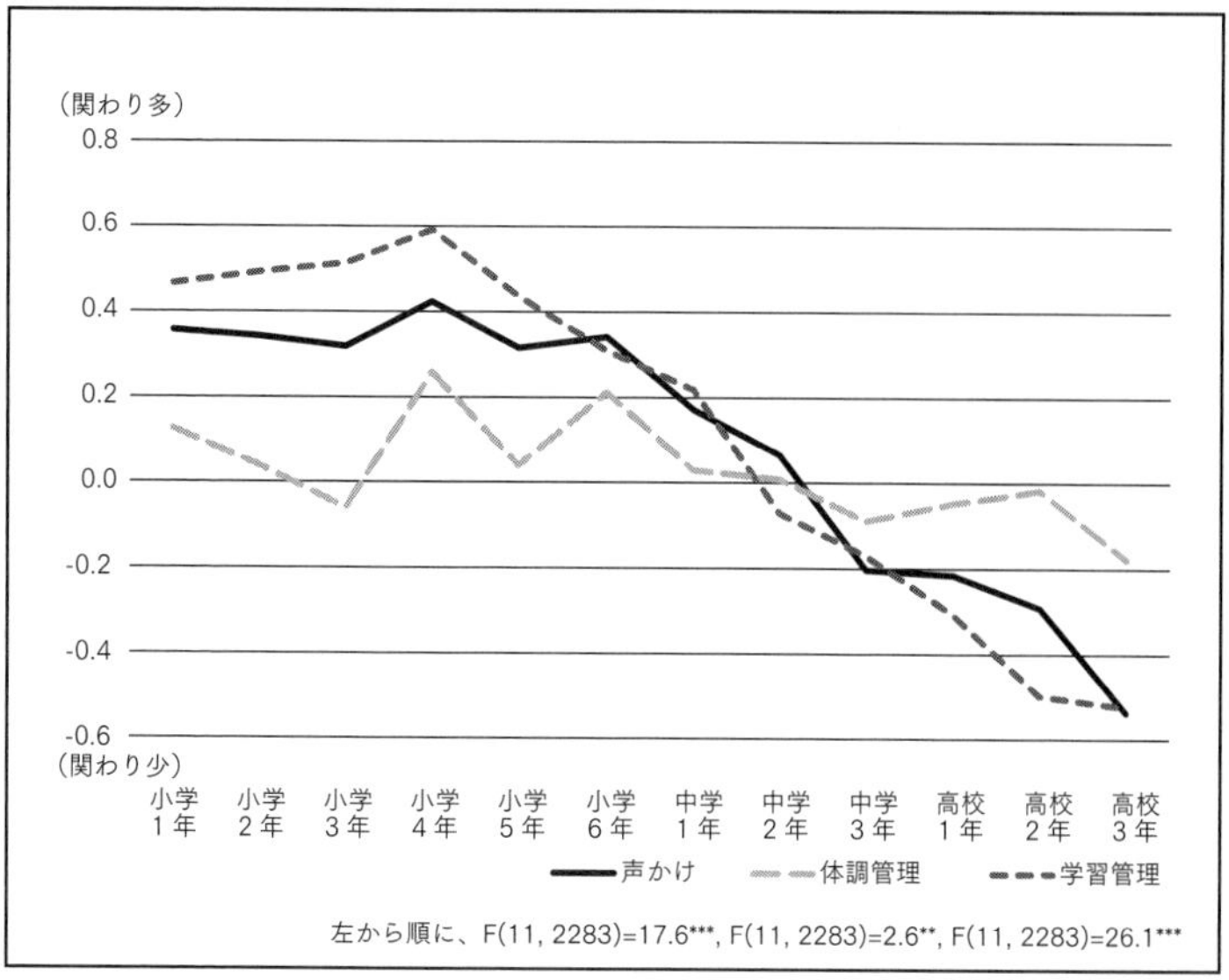

図19　子の学齢と保護者の関わり量（n＝2295）
子の学齢が大きくなるほど「声かけ」と「学習管理」は少なくなる

相対的に学習管理が少ないグループ」反対に「相対的に学習管理が多いグループ」そして「相対的に声かけは多いグループ」の五つに分類した。[19]

図20を見ながら、子の学齢別にどのグループが多いのかを確認してみると、全体的に関わりが多いグループは子の学齢にともなって減り、代わりに全体的に関わりが少ないグループが増えていくことがわかる。しかし、それ以外のグループは、構成が大きく変化していないことが

17　分析結果に基づき、三つの行動に関する因子得点（平均値0、標準偏差1）を作成した。数値が大きいほど当該の行動をしており、数値が小さいほど当該の行動をしていないことを示す。この数値は、図19、図25、図26の分析で用いている。

18　それぞれの関わりの学齢による違いをわかりやすく表示するために折れ線で表示したが、推移を示すものではない。図26も同様。

19　クラスター分析によって分類を行った。

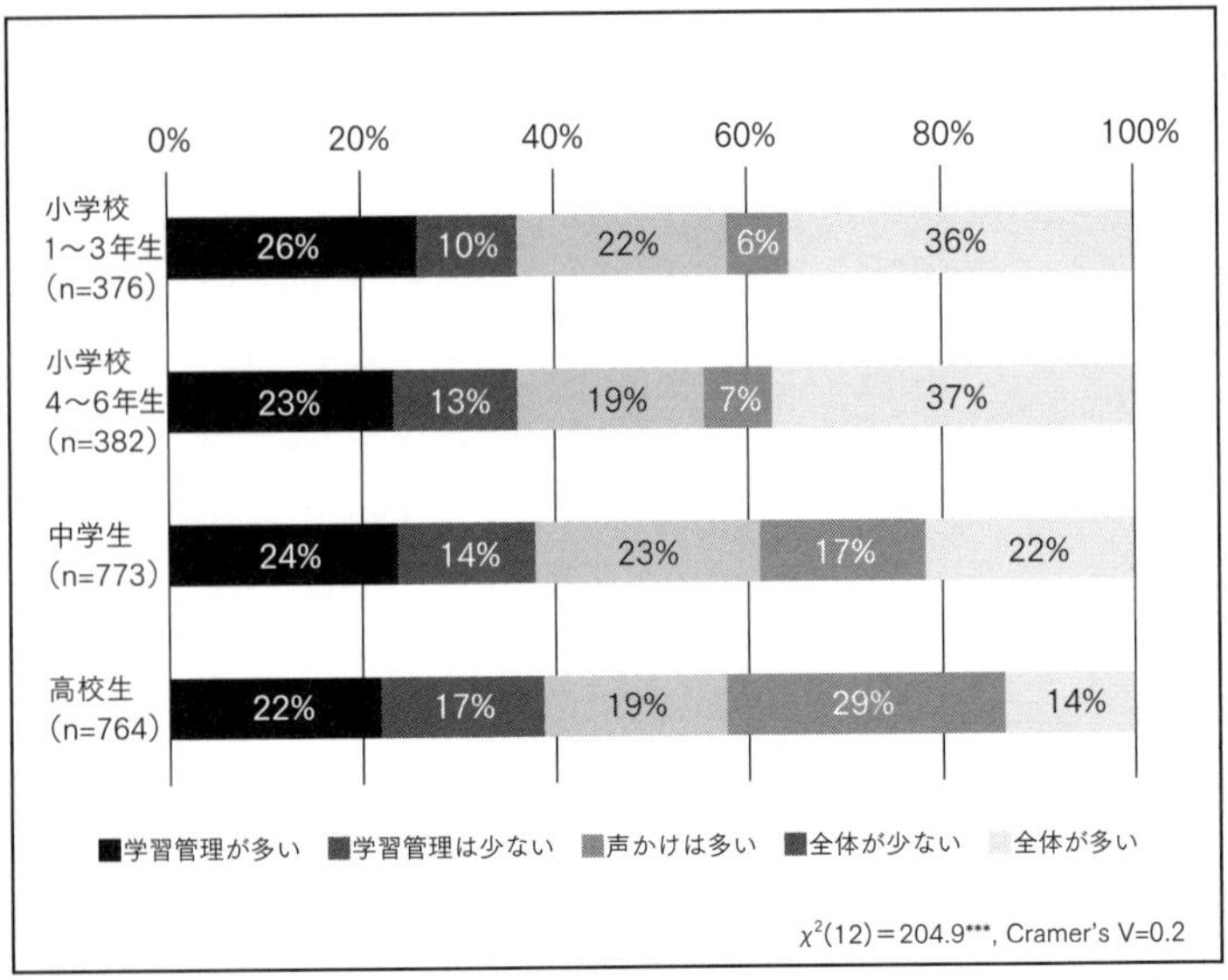

図20　子の学齢と保護者の関わり方

相対的に学習管理が多いグループは、子の学齢にかかわらず2割程度存在する

わかる。

休校中の子への関わりを規定するもの

休校中の子への関わりは、子の学齢によって基本的に少なくなっていく傾向はみられるものの（図19）、子の学齢のみに規定されているとも言い切れない（図20）。子への関わりは何によって変化するのだろうか。子への関わりを規定するものとして、はじめに普段の関わりとの関連を、次に学校の取組との関連を確認していこう。

①普段の関わり

休校中の子への関わりは、普段から、子との関わりをもっているかどうかによ

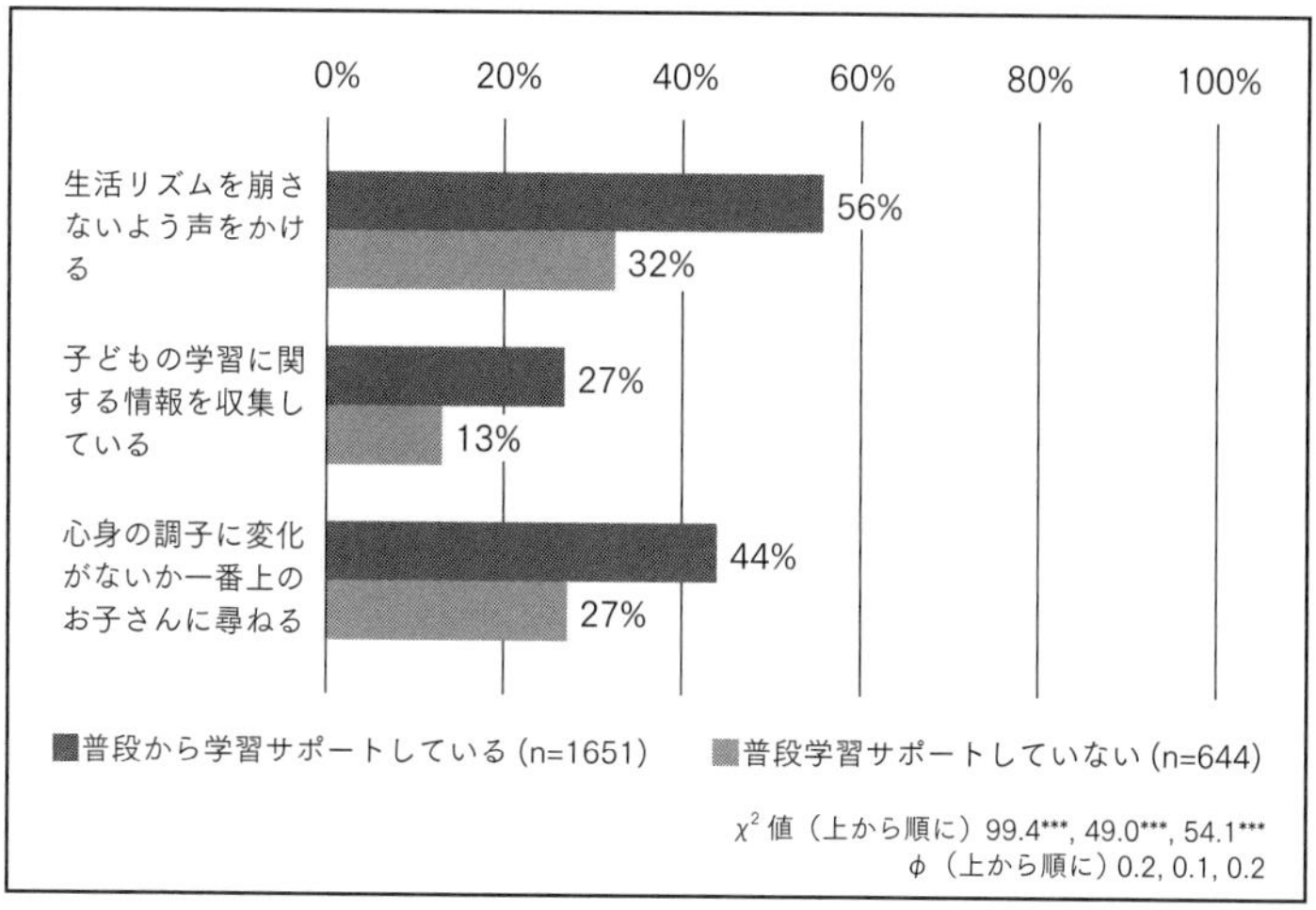

図 21　普段の関わりと休校中の関わりの関連
普段から学習サポートしている場合、休校中の関わりも多い

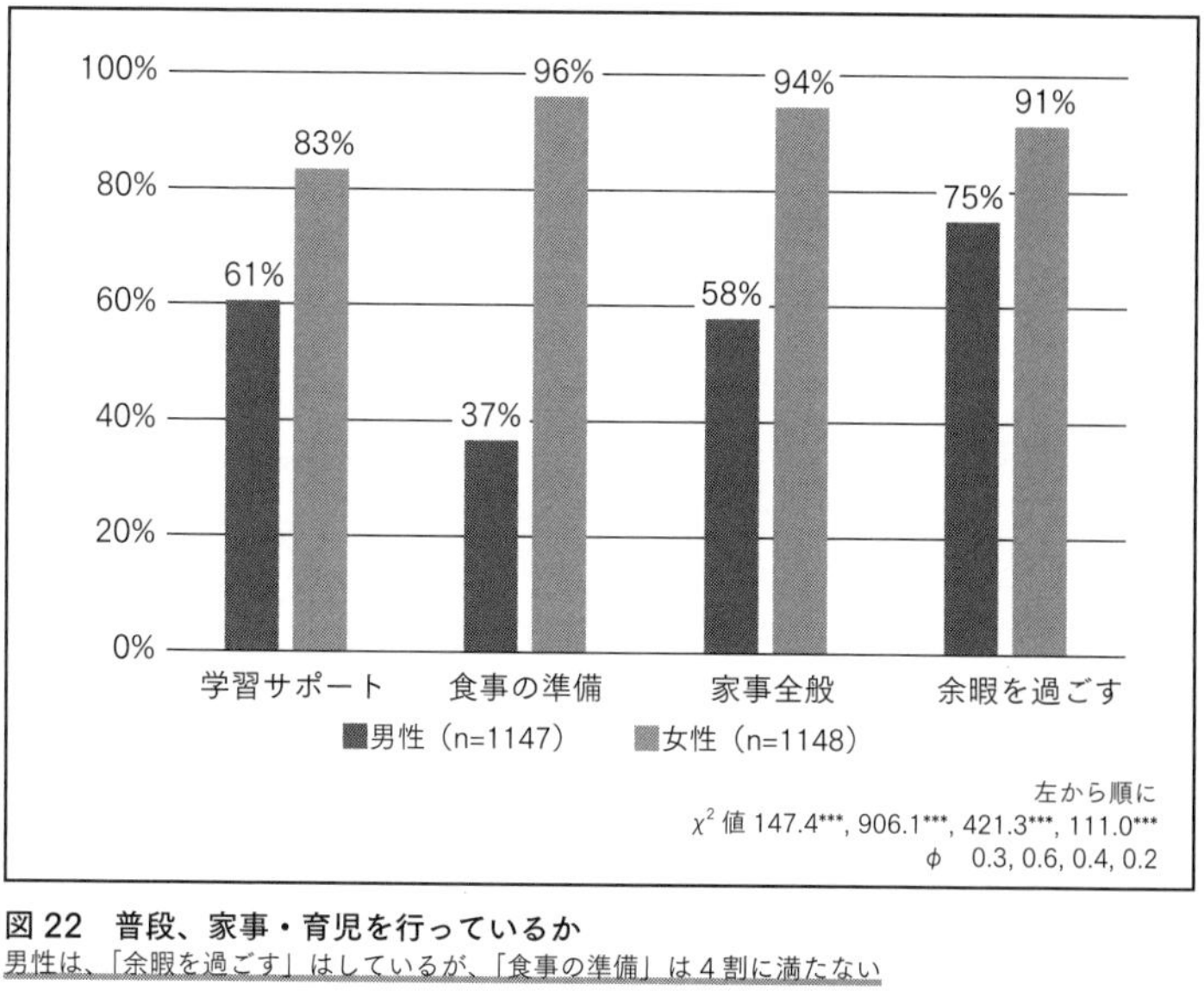

図 22　普段、家事・育児を行っているか
男性は、「余暇を過ごす」はしているが、「食事の準備」は 4 割に満たない

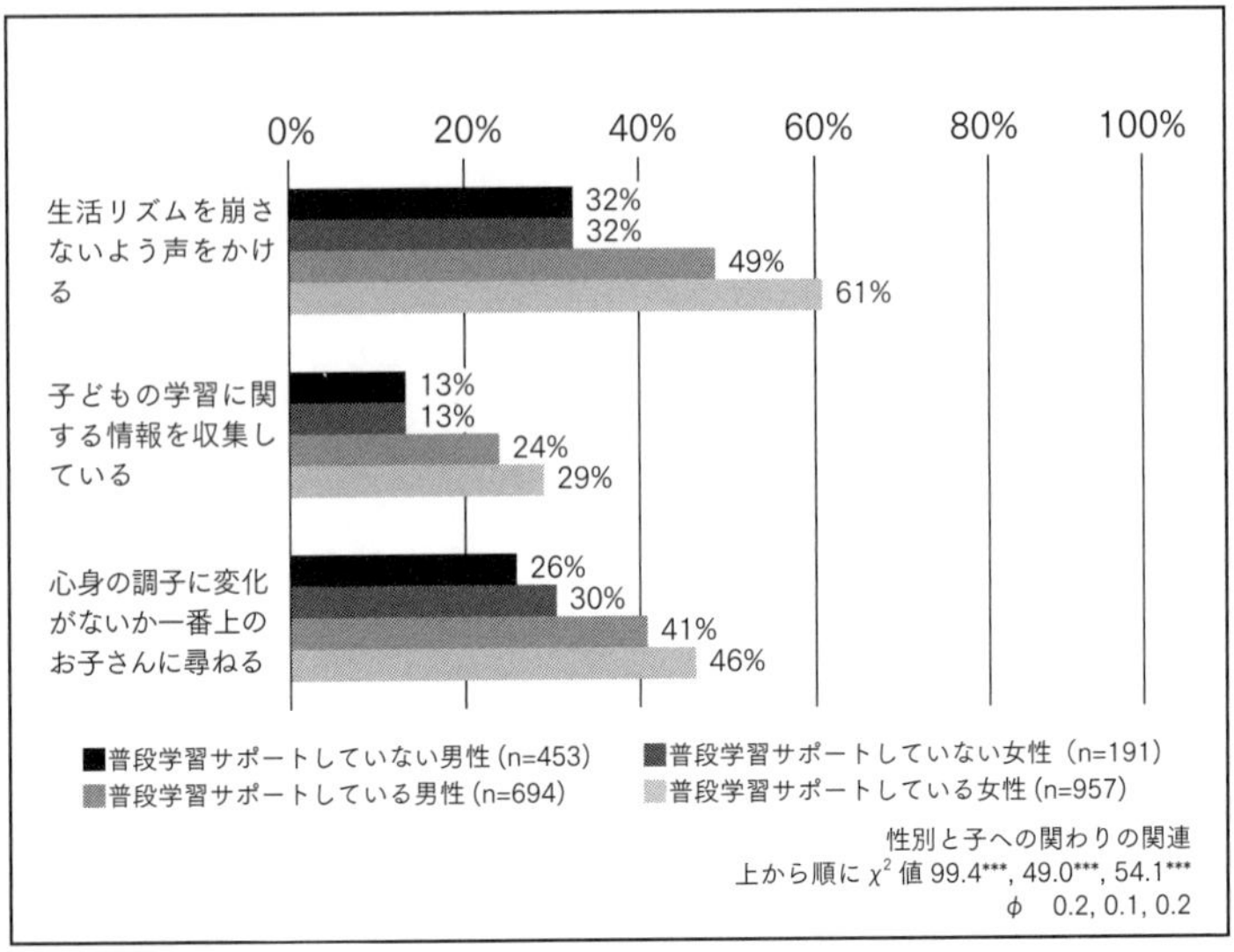

図 23　普段の学習サポート×性別による休校中の関わりの違い
普段学習サポートをしていない場合、関わりが少なく、性差は見られない。普段学習サポートをしている場合、男性と女性を比べると女性の関わりが有意に多い

るところもあろう。図21は、普段の関わりのうち特に学習サポートをしている者（1651名）としていない者（644名）の休校中の関わりを示した棒グラフである。普段から学習サポートしている、つまり、普段から子に関わっている場合には休校中の関わりも多くなっていることがわかる。

では、普段、子との関わりが多いのは誰であろうか。図22は、回答者自身が普段、家事・育児をやっているのかどうかを示したものである。四つに分類した家事・育児行動のうち、「食事の準備」「家事全般」「余暇を過ごす」といった行動は、9割を超える女性が行っており、相対的に実施率が低い「学習サポート」でも83％と8割を超えている。一方、男性

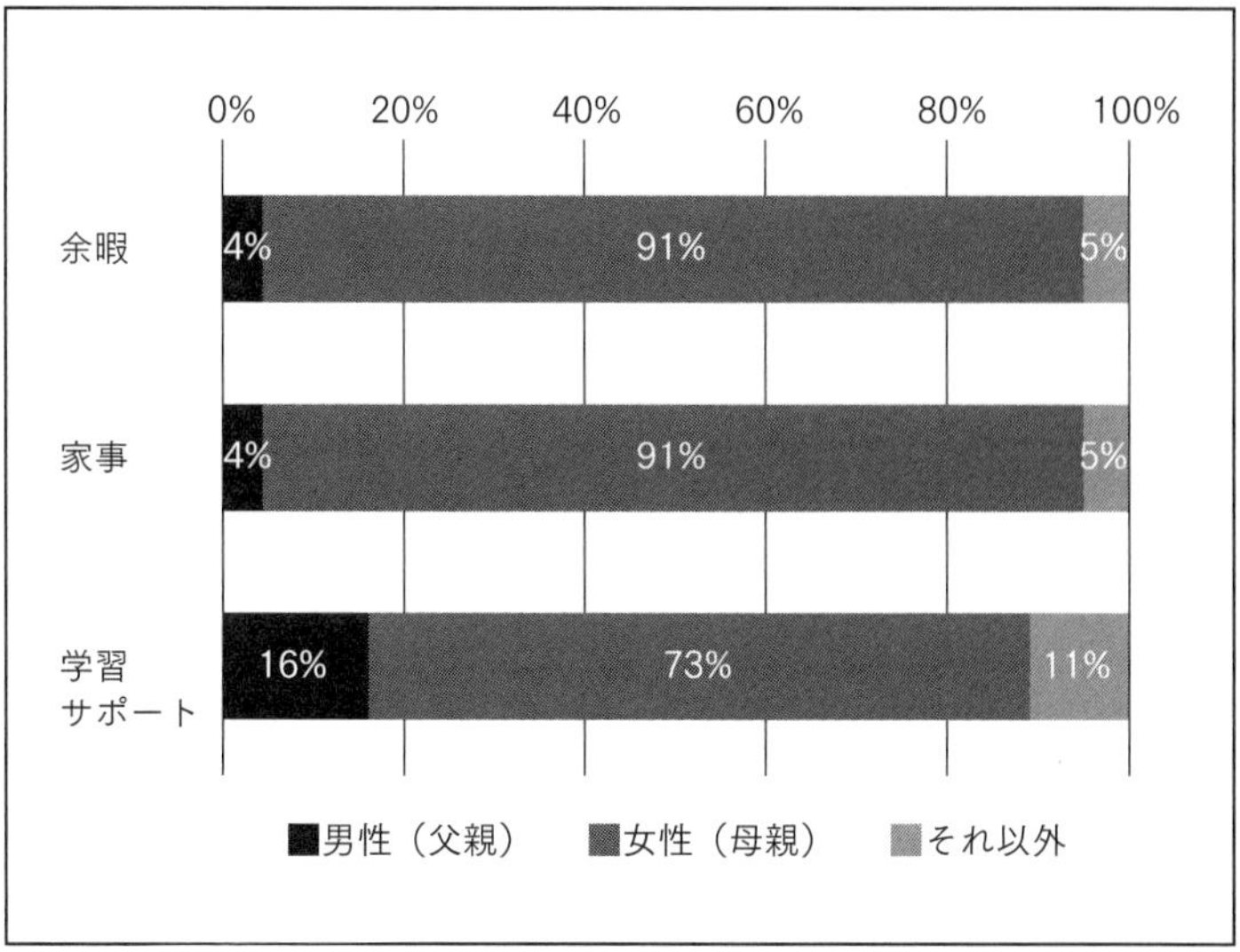

図 24　普段の家事・育児のメインは誰か（n＝2295）
普段、家事・育児を主に行っているのは女性である

は、最も行っているのが「余暇を過ごす」であり、75％である。最も行われていないのは子どもの「食事の準備」であり、37％である。食事の準備を除けば、半数を超える男性が勉強を見たり、遊んだりして子との関わりをもっていることがわかる。

次に、休校中の関わりが普段の関わりと性別によって違うのかを確認しよう（図23）。図23からは、普段から関わっていない場合、男女ともに休校中の関わりも少ないが、普段から関わっていても、女性の関わりに比べると、男性の関わりは少ないことがわかる。この差は、どうして生まれているのだろうか。

図24からは、普段の家事・育児をメインで行っていのは女性（母親）であるこ

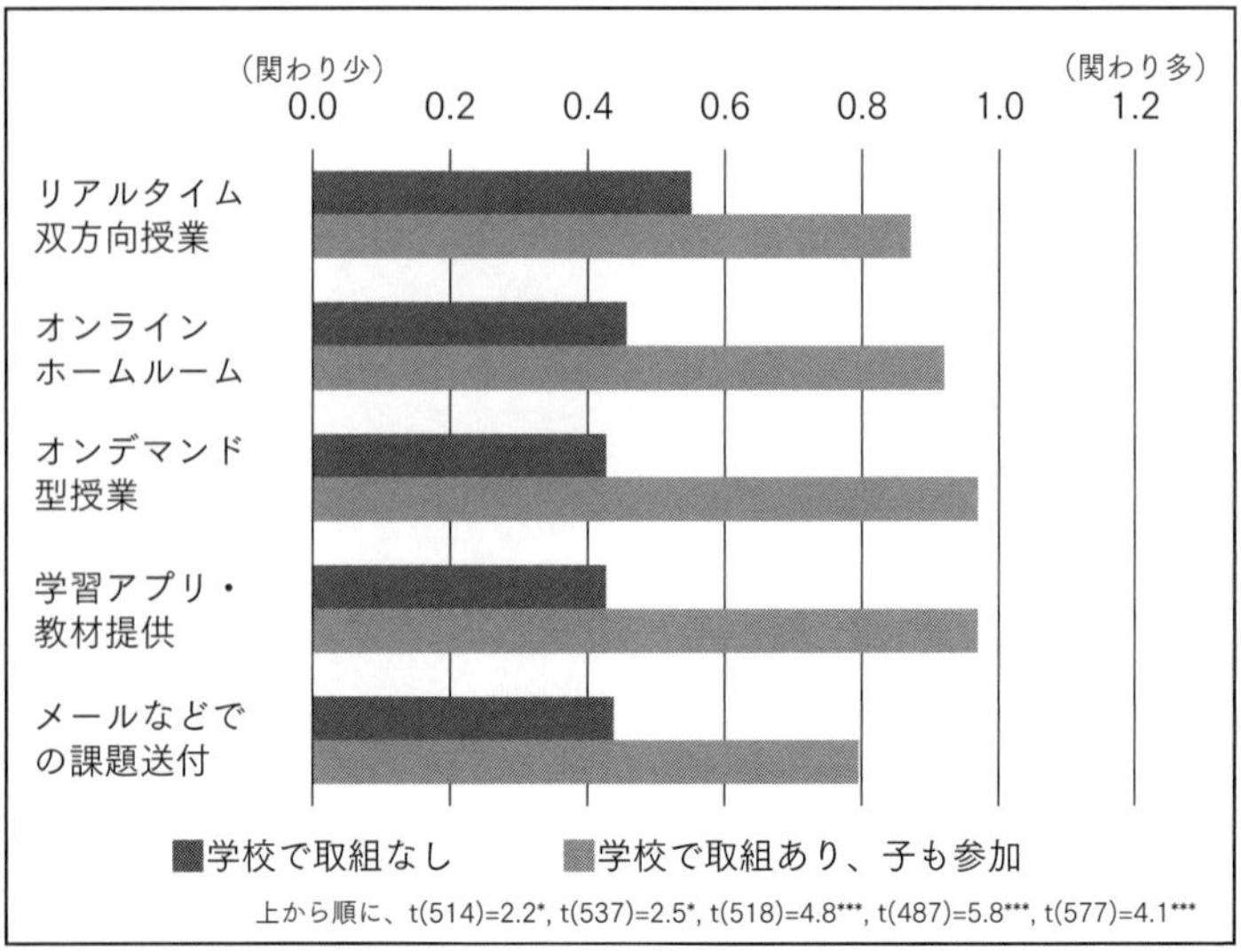

図 25　学校の取組内容と保護者の学習管理行動の関連

取組の内容にかかわらず、学校が実施しており子がそれに参加している場合、保護者の学習管理行動は増える

とがわかる。休校中の子への関わりが、普段の関わりだけでなく性別によっても異なるのは、図24に示した普段の家事・育児の分担の差によるところが大きいと考えられる。この家事・育児の分担状況は、母親が正社員であっても、パートタイムであっても、専業主婦であっても変わらない。[20]

②学校の取組

保護者は、子の生活面・学習面を支援するという役割を担っている。このうち特に学習管理は、通学していれば学校と分担できる部分である。休校中は学校に行かないことで、学校が担う学習管理の役割が小さくなり、保護者が進捗確認や学習内容の管理、学習の遅れや不足を感

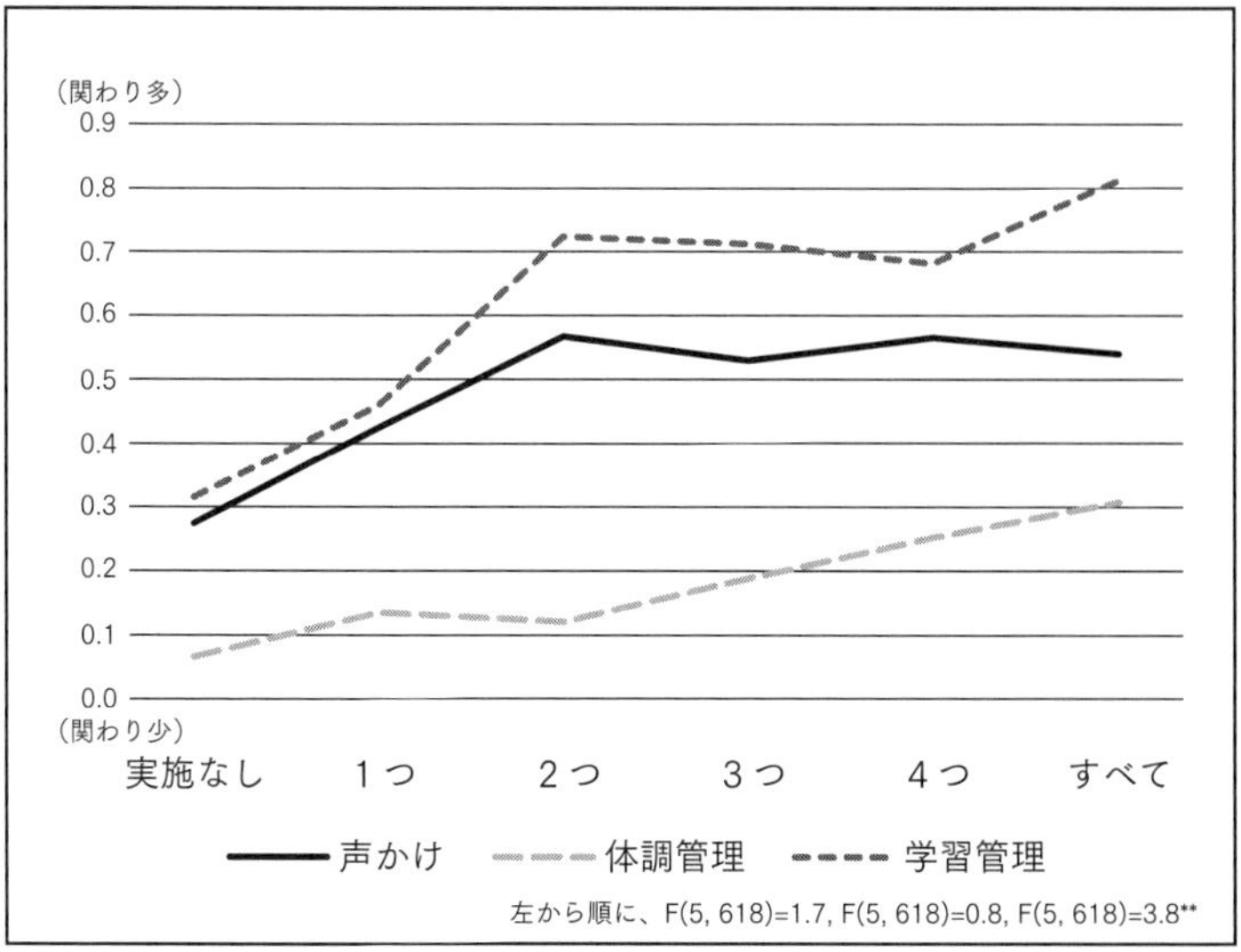

図 26　学校のオンライン取組数と休校中の関わり
学校の取組があった方が保護者の学習管理行動が増える

じた場合は教材の準備を行うこともあったと考えられる。そのように考えると、学校の取組によって保護者の関わりの量は変化すると考えることができる。ここ

20　子の休校中の家事・育児は、勤務形態や勤務場所にかかわらず、主に女性が担っていたということである。保護者調査に回答した男性の9割がいわゆる正社員であるのに対し、女性は正社員が2割、非正規社員が6割、無職（いわゆる専業主婦）が2割と就業形態が多様である。本調査結果からは、正社員であっても女性の場合はリモートワークに移行している割合が男性に比べて少なく、通常勤務が継続していた割合が多い。一方、女性回答者は、パートナーが「在宅勤務になった」と回答している割合が男性に比べて多い。つまり、夫は在宅勤務になっているが、変わらず家事・育児は女性が担っていたというケースも多かったと考えられる。
　さらに、女性は、緊急事態宣言後に休業になった、収入が減ったと回答した割合が男性に比べて多い。これは、女性の雇用形態がパートタイム勤務や契約社員など非正規の場合が多いことにも起因していると思われるが、緊急事態宣言によってキャリアの断絶、変更を余儀なくされたケースもあったと考えられる。

表7　学校の取組数と相関がみられた項目

子の変化	計画的に行動するようになった
	自分から机に向かうようになった
	休校中に新しいことを始めた
	登校できるようになったら取り組みたいことができたようだ
不安	学習が十分でないのではないかと不安だ

では、自身が子の「学習サポートを行っている」と回答した1651名のうち、学習管理が求められる小学生の子をもつ保護者の回答データを用いて確認する。[21]

図25で示したとおり、取組の種類にかかわらず、学校がなんらかの取組をしている場合は、保護者の「学習管理」得点が高く、学校で取組がない場合に保護者の「学習管理」得点は低くなっている。

先に述べたように学校の取組は、どれか一つというよりは、例えばオンデマンド型授業と課題送付、などのように組み合わせて行われている（59頁、図18）。取組が増えると保護者の「学習管理」はどうなるのだろうか。図26からは、取組が増えれば増えるほど保護者の学習管理が必要というよりは、二つ以上の場合は大きく変わらないことがわかる。特に小学生の場合は、課題や学習方法については保護者に対して連絡があり、それを子どもに伝えたり、支援することになるため、学校の取組によって、保護者の「学習管理」も増える

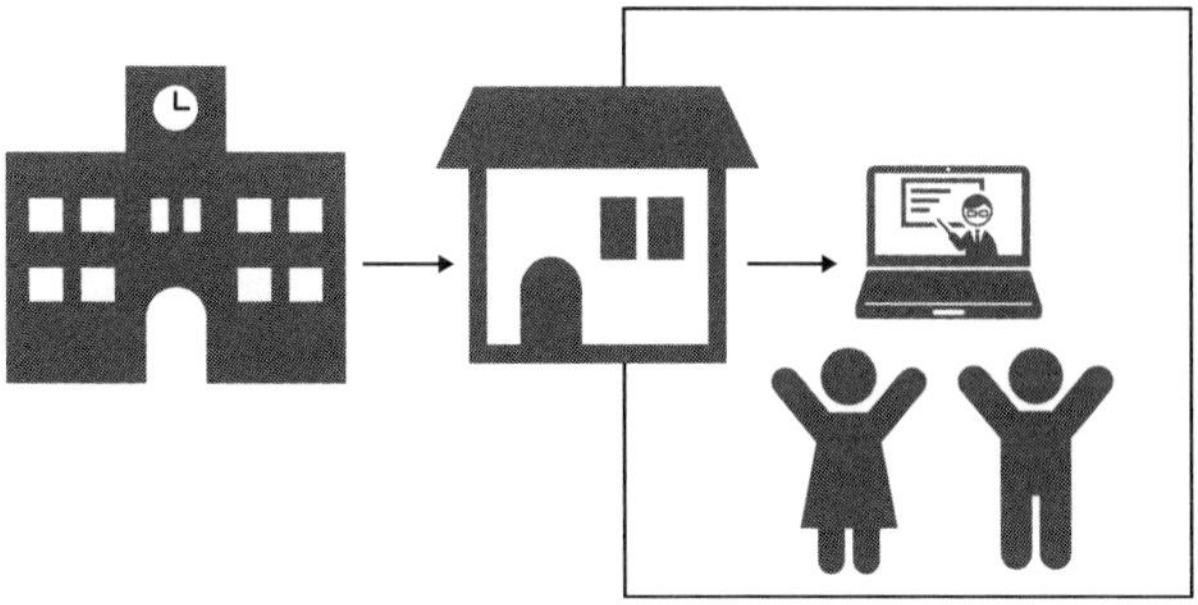

図 27　学校の取組の展開

と考えられる。また着目すべきは、「学習管理」だけではなく、「声かけ」や「体調管理」といった「学習管理」以外の関わりも学校の取組がある場合とまったくない場合で異なることである。

学校の取組によって、保護者の「学習管理」だけでなく、「声かけ」や「体調管理」にも差が出るのはなぜか。表7から、学校の取組があったと回答している場合、子のポジティブな変化を感じていることがわかる。また、「学習が十分でないのではないかと不安だ」は、学校の取組が多いほど【あてはまらない】という回答が多くなっていた。

これをふまえると、学校の取組によって保護者が子の学習に対して感じる不安が軽減されていると考えら

21　図19で示したとおり、子が中・高校生の場合、保護者の学習管理は徐々に減っていく。また、オンラインでの取組を行っている高校が多いことから、オンラインの取組効果なのか学齢効果なのかが判別しづらいため、子が小学生のケースに限定した。

れる。特に小学生の場合は図27のように、学校の取組が保護者を介して家庭内で展開されていたことが想像できる。学校からの連絡はまず保護者が受け取る。保護者が受け取ったら、子どもに学習内容や方法を共有し、いつどのように取り組むのかを話し合った上で、学習環境を整える。保護者が学校の取組を知ることで、朝起きてこなかったら声をかけるなど、声かけも増える。声かけによって学校の取組に参加し、生活リズムも乱れない。これらを繰り返すうちに、計画的に行動できるなど休校中の学習習慣も定着する。学校の取組に端を発して、家庭内でのコミュニケーションが促進され、勉強をし、勉強以外のことにも取り組む、それらのサイクルが回ることでストレスも軽減できていたと考えられる。

5　学び続けることに影響を及ぼした要因

ここまで、第2節では休校中の子どもの生活実態、第3節では学校の取組、第4節では保護者の子への関わりの実態を確認してきた。第1節で述べたとおり、学びが継続できたかどうかということは、本人の態度や意思、いわゆる学習態度や進路希望によるところも大きい。しかし、本書は学校が「とまった」ときに周囲の大人がどのように子どもたちを支えていくかについて議論するための材料を提供することを目的にしている。

本節では、他者とのつながり、学校の取組や保護者の関わりが、休校中に子どもが学び続けること、さらには心身の健康状態に影響を及ぼしていたのかどうかを高校生調査データを用いた重回帰分析によって検証する。

分析内容と結果

分析に用いた変数の一覧を表8に示し、変数について簡単に説明する。他者とのコミュニケーションは、家族、教員、友人とのコミュニケーションについて尋ねた項目の回答値（【できていない】を1、【十分できている】を4）を分析に用いた。ソーシャルサポートは、励ましてくれる人、相談できる人、雑談できる人のすべていないと回答した場合は0、それ以外は1となるような変数を作成し分析に用いた。

学校の取組については、学校でのＩＣＴ活用状態に関する回答を分析に用いた。また、「学校生活を楽しんでいる」「学校で他者との関係を築けている」といった項目への回答の平均値を「学校での受容感」として分析に用いた[22]。

保護者の関わりについて分析を行ったところ、「生活面を気にかけられる」「体調面を気にかけられる」「学校での様子を聞かれる」などの日常生活面に関連した項目と、「ゲーム機器やスマホの使用について約束事がある」「教育に熱心だ」「休校中に家族にすすめられて新たな教材をやり始めた」といった、特に勉強面に関連した項目の二つに分類できることがわかった[23]（表8）。便宜上、前者を「ケア的関わり」、後者を「管理的関わり」と呼ぶ

---

22 「学校での受容感」（$\alpha=.88$）は、本人の意思や態度によるところもあるが、学校選択や学校での働きかけなどによって変化すると考えられることから、周囲からの支援によって変わりうるとして分析に投入している。

23 第4節では保護者が自分自身の行動について回答した保護者調査のデータを用いて保護者自身の子への関わり方について検討した。本節では、高校生が自覚している保護者の行動を分析に用いている。高校生調査の「保護者の関わり」を尋ねた10項目の回答値を用いて因子分析を行い、固有値の減衰傾向から2因子を抽出し、尺度得点を算出した（それぞれ、$\alpha=.87$, $\alpha=.76$）。二つの関わりの相関係数は.68と高めである。

表８　学び続けることに影響を及ぼす要因分析（重回帰分析）に用いた変数

		変数名		変数の説明	参照ページ
被説明変数	学びの継続	学習時間		休校中盤の１日の学習時間	p.43
		成長実感		成長実感に関する項目（図９）への回答の平均値	p.44
	心身の健康	ストレス反応		ストレス反応に関する項目（表５）への回答の平均値	p.39
説明変数	つながり	コミュニケーション	家族	家族、教員、友人とのコミュニケーションがあるかどうかを尋ねた項目の回答値（【できていない】を１、【十分できている】を４）	p.31～
			教員		
			友人		
		ソーシャルサポート		図５に示した４項目についてすべて「いない」と回答した場合０、それ以外は１となるダミー変数	p.36
	学校	学校の ICT 活用		図 14 で示した５項目それぞれについて学校で活用されているとの回答は１、それ以外は０となるダミー変数	p.54
		学校での受容感		「学校生活を楽しんでいる」「学校で他者との関係を築けている」といった項目への回答の平均値	p.89
	保護者	ケア的関わり		「生活面を気にかけられる」「体調面を気にかけられる」「学校での様子を聞かれる」など６項目への回答の平均値	p.74（注 23）
		管理的関わり		「教育に熱心だ」「休校中に家族にすすめられて新たな教材をやり始めた」など３項目への回答の平均値	
	生活リズム			「学校に行くときと同じような生活リズムを保っている」への回答値（【まったくあてはまらない】を１、【とてもあてはまる】を６）	
統制	回答者属性	進学希望：高等教育機関への進学を希望している場合１、それ以外０、性別：男性が０、女性が１、学校設置者：公立が０、私立が１、学年：学年の数値			

こととする。保護者調査と比較すると、保護者の「声かけ」と「健康管理」は、子にしてみれば「ケア的関わり」としてまとめて認識しているということになる。それぞれの得点を算出して、分析に用いた。

分析結果である表9を説明していこう。

「学習時間」に対しては、「教員とのコミュニケーション」「Web掲示板、メールでの学校に関する連絡あり」「学校での受容感」「生活リズム」が正の影響を及ぼしている。つまり、学校からの働きかけが休校中の学習を促していたと考えられる。教員とコミュニケーションをとったり、学校からの連絡があることによって、課題などを含め勉強面で取り組むべきことの明確化につながったと考えられる。取り組むべきことが明確になれば、取り組めていたようだ。

この分析には一部の学校で一部の教員が授業配信などの取組をしていた試行錯誤の時期である休校中盤のデータを用いているため、解釈に注意は必要だが、電子ファイルで課題をやりとりするシステムや学習コンテンツを提供するシステムにはメッセージ機能がついていることが多いにもかかわらず学習時間に影響を及ぼしておらず、「Web掲示板、メールでの学校に関する連絡あり」のみが有意な影響を示していることは興味深い。この件については、続く第6節でより詳細に確認する。

「成長実感」に対しては、「保護者の関わり」「生活リズム」「学校での受容感」が影響を

表9　学び続けることと心身の健康に影響を及ぼす要因

			学びの継続		心身の健康
			学習時間	成長実感	ストレス反応
つながり	コミュニケーション	家族			---
		教員	+++		
		友人			
	ソーシャルサポート				--
学校	1. 学習目的で生徒自身のPC、タブレットの校内利用可能				
	2. 電子ファイルでの課題提出あり				
	3. 学内外で取り組める学習コンテンツあり				
	4. Web掲示板、メールでの学校に関する連絡あり		+		-
	5. 授業でのデジタルコンテンツ活用あり				
	学校での受容感		++	+++	---
保護者	ケア的関わり			+++	+
	管理的関わり			+	+++
生活リズム			+++	+++	
統制	進学希望		+++		
	性別		+		+
	学校設置者		--		
	学年				++
調整済み R^2			0.12	0.27	0.14

・+は正の影響、-は負の影響を示す。+/- p<.05, ++/-- p<.01, +++/---p<.001
・「ストレス反応」は値が小さい場合にストレス反応が少なく、値が大きいほどストレス反応が大きいことを示す。したがって、-がポジティブな影響を示す

及ぼしていることがわかった。「成長実感」は休校中に限定した活動とその成果である。休校中は家族以外の他者との関わりが少なかったこともあり、特に、家事を手伝ったり、趣味として料理をしたりする場合、保護者からの影響や関わりによるところもあったのではないかと思われる。なお、「管理的関わり」が影響を及ぼすのは、第3節で述べたとおり「成長実感」には狭義の学習によるものも含まれているためであろう。保護者のすすめで新たな学習コンテンツを始めた結果、休校前よりも理解が進んだり、できるようになったという実感をもてたりするということが想定される。

心身の健康状態を示す「ストレス反応」は、家族とのコミュニケーション、「ソーシャルサポート」「Web掲示板、メールでの学校に関する連絡あり」「学校での受容感」が負の影響を及ぼしている。つまり、これらの項目は、ストレスを軽減したり、ストレス解消の手段になったりする効果があったと考えられる。一方、保護者の関わりはストレス反応に対して正の影響を及ぼしていることから、保護者の関わりによってストレス反応が高まることを示している。分析に用いているのが高校生のデータであることも念頭におく必要があるが、家族との関係がストレス源になる場合と、ストレスを軽減する場合の両方があると考えられる。休校中、家族以外の他者とのコミュニケーションを自粛する中で、比較的いつもどおりにコミュニケーションできたのは家族だけだった場合が多かった（31頁参照）。このため、家族との関わりがストレス反応と関連が大きくなったと考えられる。

学びの継続を支えたもの

分析の結果をふまえて、保護者や学校が子の学びの継続をどのように支えていたのかを改めて確認していこう。

子からみたとき、保護者の関わりは主に学習面を管理・監視する「管理的関わり」と声かけなどによって子の生活を整える「ケア的関わり」がある。このうち、「管理的関わり」は学習に関する関わりという側面が強いにもかかわらず、少なくとも高校生の学習時間に対しては効果が認められない。それどころか、かえってストレスを感じさせてしまう可能性がある。この「管理的関わり」がストレス反応を高めてしまうことは想像に難くないが、「ケア的関わり」もストレス反応を高めてしまうという結果になっている。これはなぜか。

詳細を分析していくと「ケア的関わり」の中でも特に「生活面を気にかけられる」ことがストレス反応との関連が強いことがわかった。つまり、保護者が気になって声をかけることが、高校生の子からすれば管理に近いニュアンスで伝わってしまっていることもあるのだろう。こういった保護者と子の関わりは、それをコミュニケーションができていると捉えられる程度であれば、心身の健康を保つために必要なことであった。ただし、第4節の学齢と子への関わりで実態の確認はしたが、学齢に応じて必要な支え方は違うのではないかと考える。

この分析結果で注目したいのは、「生活リズム」と「学校での受容感」の2点である。「生活リズム」は、「学習時間」と「成長実感」の双方、つまり学び続けることに対して影響を及ぼしている。49頁で述べたが、「成長実感」には自由な時間があるという状態が重要な意味をもっていた。自由な時間は、学校に行っているときと同じような生活リズムを保っていたからこそ生まれ、その結果として自分なりの挑戦をし、その成果を感じられたのだろう。同様に学習時間も生活リズムが保たれていてこそ確保できたと考えられる。生活リズムは子どもの意思だけで学校に行っているときと同じ状態に保ち続けるのは難しい場合もある。第4節で述べたとおり、学校の取組や保護者の声かけによって、生活リズムを保つことができていたと考えられる。

「学校での受容感」は、休校中学び続けることに加え、心身の健康にも影響を及ぼしている。「学校での受容感」は、学校で他者との関係を構築し、学校生活を楽しんでいることを示す指標、つまり休校中の状態ではなく、休校前の状態を含めた個人の学校に対する認知であり、いわば教員や友人を含めた学校との距離感のような指標である。この学校との距離感が休校中に学び続けることや心身の健康状態とも関連していることについては、その関連を理解する材料が求められよう。休校中の過ごし方全般に対して、休校前からの学校での関係構築が影響を及ぼしているとも考えられる。

教員とのコミュニケーション、「学校での受容感」については、次の第6節で確認していこう。

6 教員と生徒の円滑なコミュニケーションのためのポイント

本章ではここまで、学校の取組や保護者の関わりのうち、子どもが休校中も、①心身ともに健康で（ストレス反応）、②学習時間を確保し（学習時間）、③広義の学びに前向きであること（成長実感）に対して、特に有効であった取組や関わりが何だったのかを検討した。

だが、「はじめに」でも触れたように、「学び」は本来人とのつながりによって支えられている面が大きいのではないだろうか。学びは人とのつながりの中で生まれる経験であり、学びに寄り添ってくれる人とのつながりを感じられなければ、安心して学ぶことはできない。そこで、以下では休校中のコミュニケーションに着目し、とりわけ学びの伴走者たる**教員との円滑なコミュニケーションに、どのような取組が有効であったのか**を検討する。

すでに確認したように、高校生調査によると、休校中に教員とのコミュニケーションが**【十分できている】**と回答した割合は9％にとどまっており、**【できている】**という回答と合わせても、教員と「コミュニケーションができている」と感じている高校生は回答者全体の半数にも満たない（34頁、図4）。では、教員との間にどのようなやりとりがあれば、生徒は教員と「コミュニケーションができている」と感じるのであろうか。調査の結果からは、三つのポイントが明らかになっている。

さっそく、それぞれのポイントを見ていこう。

ポイント① コミュニケーションの頻度

一つ目のポイントは、「コミュニケーションができている」という実感には、内容よりも頻度が大きく関わっているということである。

図28は、コミュニケーションの内容と頻度別に、生徒が「コミュニケーションができている」と感じている割合を示している。これを見ると、どのような内容の連絡であったかにかかわらず、**連絡の頻度が高ければ高いほど「コミュニケーションができている」と回答した割合が高くなっている**ことがわかる。つまり、生徒が「コミュニケーションができている」と感じられるかどうかの違いは、どのような内容をやりとりするか（コミュニケーションの内容）によってではなく、どのくらいやりとりするか（コミュニケーションの頻度）によって生まれるということだ。**ちょっとしたやりとりであっても、頻繁にコミュニケーションをとることが重要**だといえるだろう。

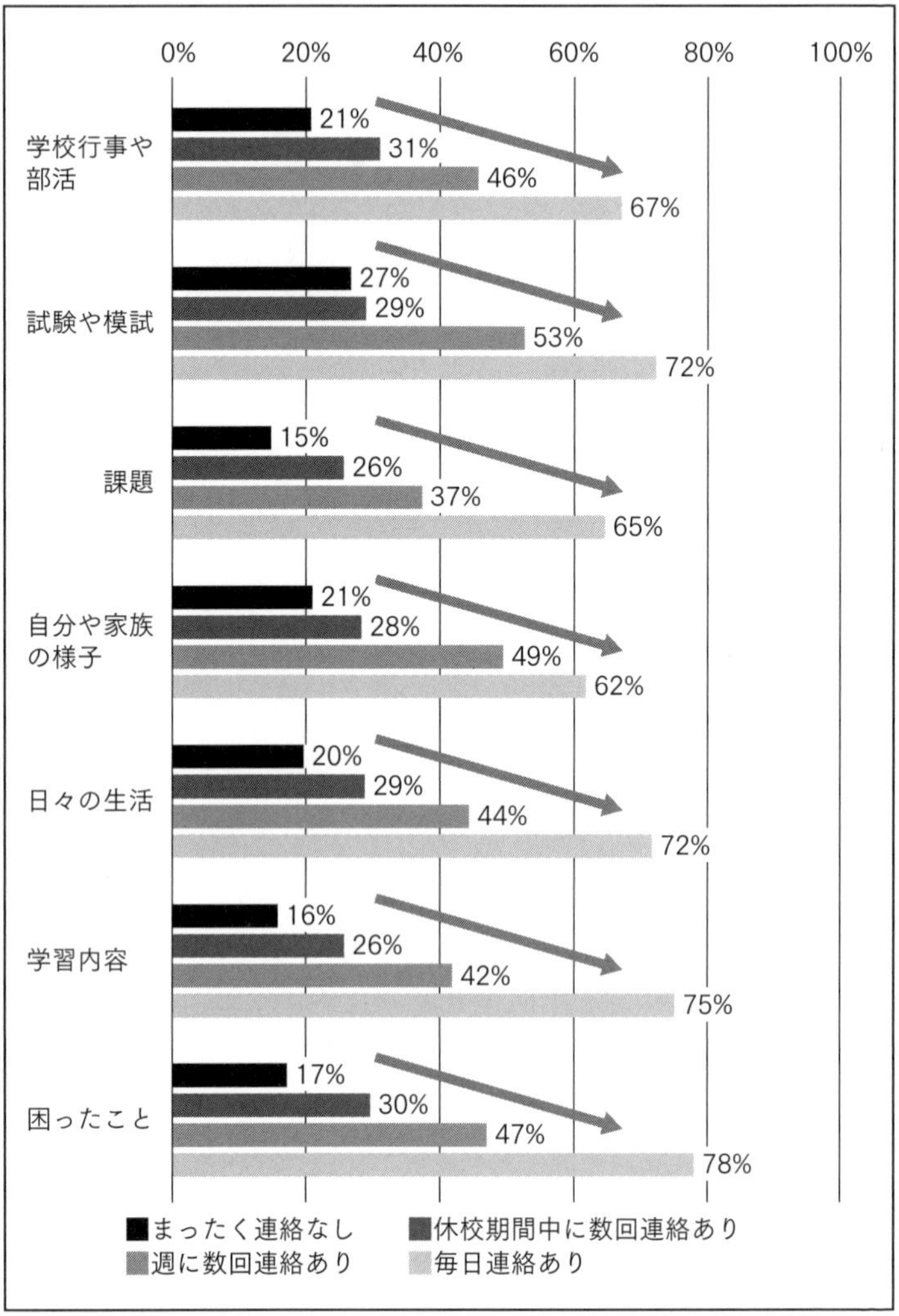

図 28　教員とのコミュニケーションの頻度・内容と「コミュニケーションができている」と感じる割合

内容にかかわらずコミュニケーション頻度が高い方が、「教員とのコミュニケーションができている」と感じる割合が上がる

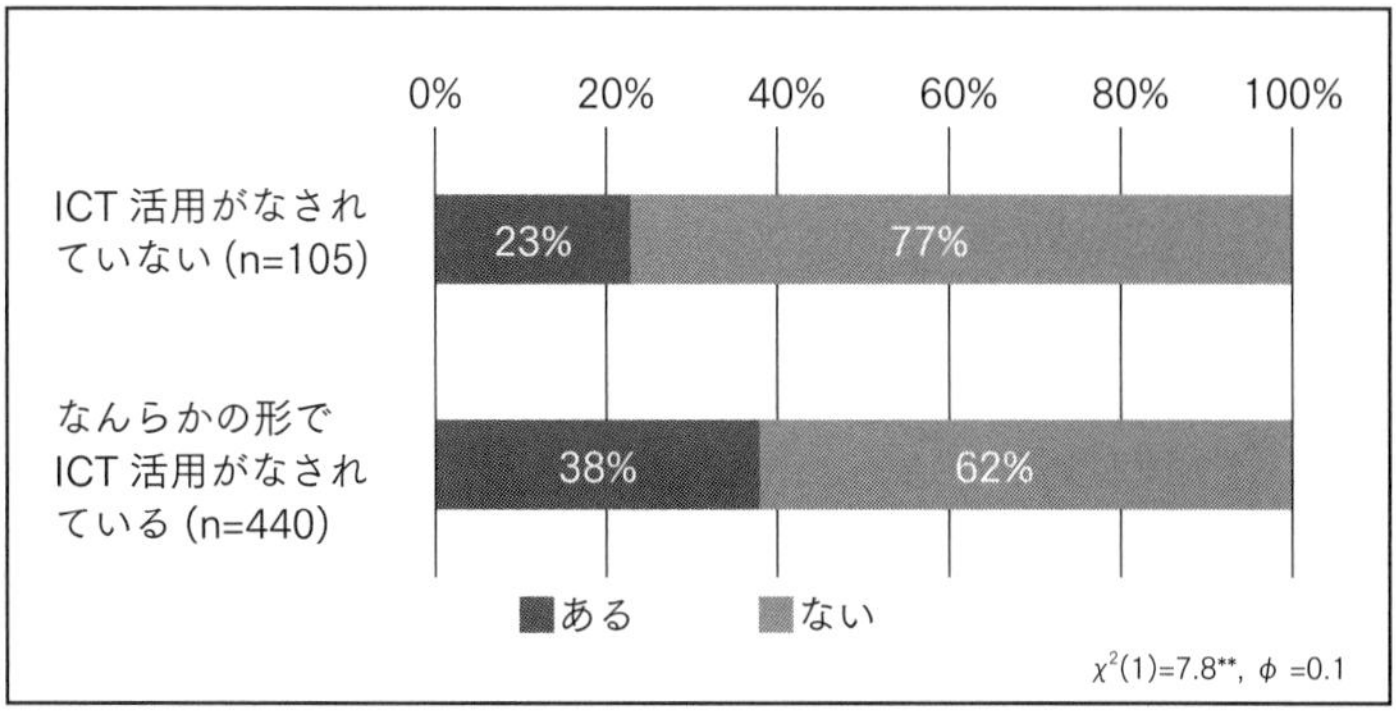

図 29　ICT 活用状況と教員とのコミュニケーションの有無（高校 2-3 年生、n=545）

休校前からなんらかの形で ICT 活用がなされていた場合、教員と生徒のコミュニケーションが保つことができていた可能性がある

ポイント②　学校のICTの活用

二つ目のポイントは、休校中のコミュニケーションには、ICTの活用状況が大きく関わっているということである。

まずは、図29を見てみよう。この図からは、「なんらかの形でICT活用がなされている」場合、教員とのコミュニケーションが「ある」と回答した割合は38%なのに対して、「ICT活用がなされていない」場合には23%にとどまっていることがわかる。逆にいえば、**休校前に「ICT活用がなされていない」場合、休校中に教員と「コミュニケーションができていない」と感じている割合が有意に高い**のである。

では、どうしてこのような差が生まれるのだろうか。ここで着目されるのが、ICTの活用状況とコミュニケーション頻度の関係である。図30は、ICTの活用状況と「ほぼ毎日連絡がある」という回答の関連を示している。これを見ると、活用の具体的な内容によっ

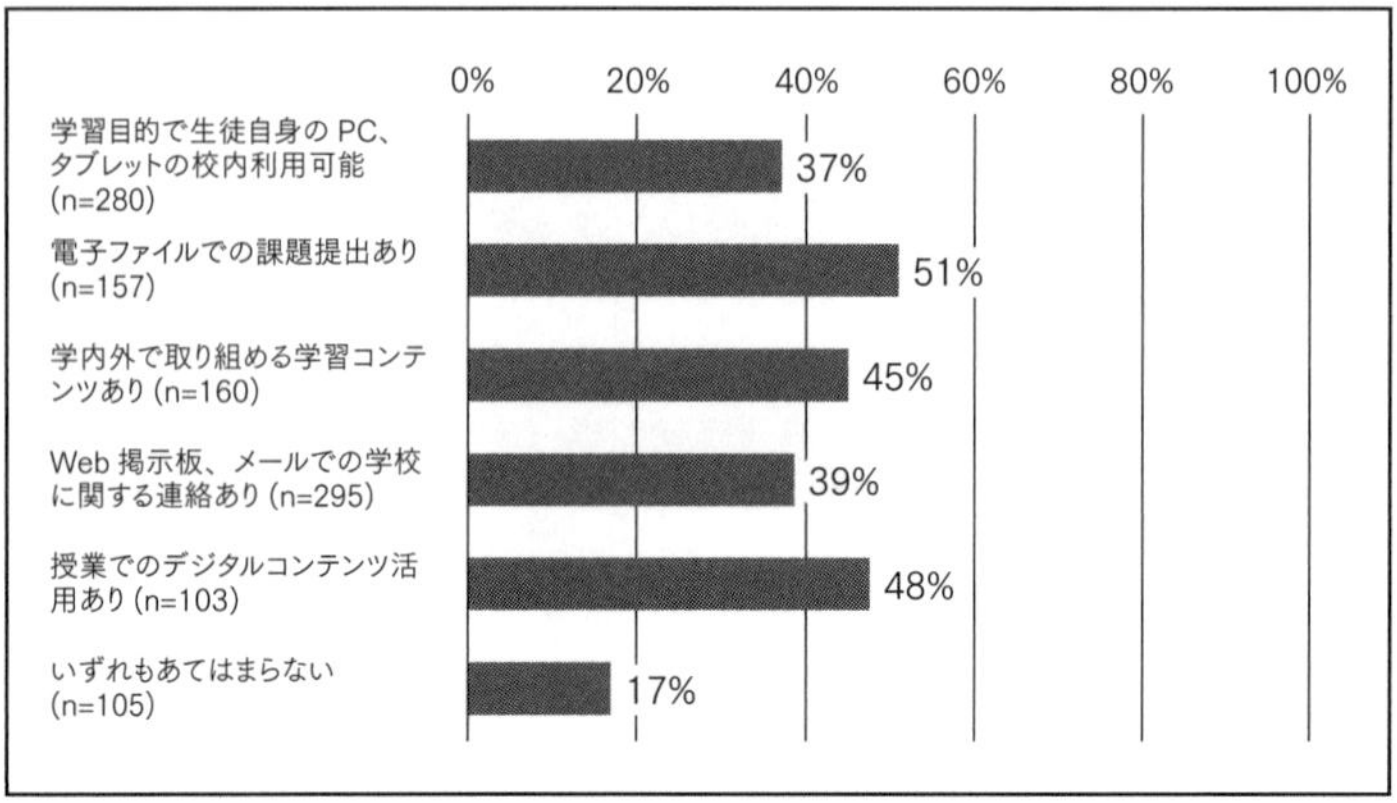

図30　ICT活用状況と「ほぼ毎日連絡がある」の関連
休校前にICT活用がなされていない（「いずれもあてはまらない」）学校に通っている場合、休校中に教員と「ほぼ毎日」連絡していた生徒は少ない

て多少異なるものの、なんらかの活用がなされている場合には、4割前後から5割前後が「ほぼ毎日連絡がある」と回答している一方で、ＩＣＴの活用がなされていない（「いずれもあてはまらない」）場合、「ほぼ毎日連絡がある」と回答した割合は17％にとどまっていることがわかる。つまり、**休校前から学校でＩＣＴ活用がなされていた場合、そうでなかった場合に比べて、休校になった際のコミュニケーションが比較的高頻度で行われていた**ということであり、そのことによって、教員と「コミュニケーションができている」と感じる生徒の割合も増えたと考えることができる。そうであるなら、一つ目のポイントと二つ目のポイントは重なっているものといえるだろう。特に、今回の休校中のようにオフラインで高頻度のコミュニケーションをとることが難しい場合には、ＩＣＴを上手く活用してコミュニケーション頻度を確保することが重要になってくるのではないだろうか。

ポイント③　学校での受容感

三つ目のポイントは、休校中のコミュニケーションは、生徒が教員や友人と良好な関係を築き、学校を「居場所」と感じられているかどうかによるところが大きいことである。

一つ目と二つ目のポイントでは、ＩＣＴを活用しつつ、生徒と頻繁に連絡をとることが有効だということを示した。だが、そもそも、コミュニケーションは一方が働きかけをするだけでは成立しない。教員と生徒のコミュニケーションでいえば、教員が働きかけをし、その働きかけに対して生徒が応えることが不可欠である。この観点から調査結果を検討してみると、気になる「ギャップ」が見えてくる。それは、ＩＣＴ活用状況を示した図14のうち、「Web 掲示板、メールでの学校に関する連絡」が「ある」と回答した生徒が意外なほど少ない（295名、高校２・３年生のうち54％）ということである。近年では、自校の Web サイトで外部への情報発信、保護者や生徒への連絡を行っている学校も多い。教員をはじめとする学校関係者は、「そんなに少ないのか」と感じられている方も多いのではないだろうか。こうした「ギャップ」はどうして生じるのだろうか。考えうる一つ目の仮説は、生徒が Web サイトを見られる環境にないというものである。休校になってから、生徒のネットワーク環境が整っていないという声が多く聞かれた。しかし、高校生の97％がスマートフォンを所有している（日本スマートフォンセキュリティ協会、２０１９）[24]。通信制限があってオンライン授業を受講することは難しいかもしれないが、メールを受け取ったり、学校のWebサイトを見に行ったりする環境がなかったとは考えづらい。実際、高校生調査の回答者のうち、スマートフォンを所有していないと回答したのは、10名以下（1％未満）であった。つまり、この**ネットワーク環境がないという仮説は棄却される。**

二つ目の仮説は、環境はあるが生徒にコミュニケーションする意思がない、というものである。学校側のコミュニケーション手段は、学校のWebサイトを使って情報を発信する、学校で生徒に付与しているメールアドレスにメールを送る、学習履歴管理システムのメッセージ機能を使うなどいくつか考えられる。しかし、これらの手段は「発信ができる」というものでしかない。学校のWebサイトに掲載された情報をチェックする、学校からのメールを受信できるように設定する、学校からのメールを開いて読むなど発信された情報を受け取る行為の意思は情報の受信者である生徒にかかっている。学校側の環境が整っていて、生徒も連絡を受けられる環境であっても、学校からの連絡を受け取っていない、もしくは受け取ったとしても双方向のコミュニケーションは成立していない状況であった場合も多かったのではないだろうか。**学校側の発信と生徒側の受信のギャップは、生徒の意思によって生まれていたと考えられる。**

24　日本スマートフォンセキュリティ協会「中高生スマホ利用傾向調査レポート　２０１９年2月版」https://www.jssec.org/dl/UsageTrend_ResearchReport_MiddleSchoolStudent_20190322.pdf（２０２０年9月8日アクセス）。4頁目の高校1年〜3年の数値から算出。

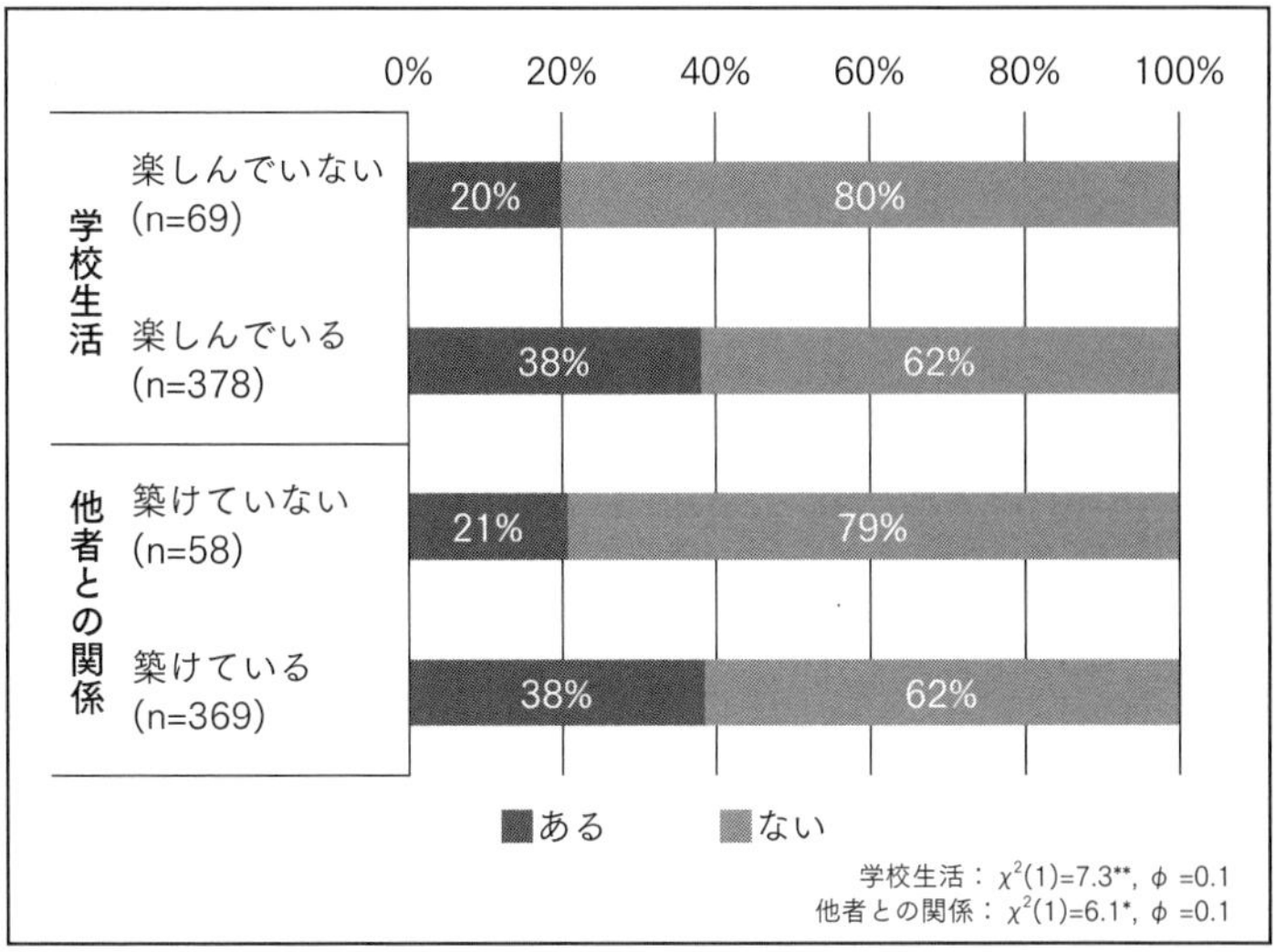

図 31　学校での生活と休校中の教員とのコミュニケーション（高校 2-3 年生）
普段の学校生活を楽しんでいたり、他者との関係を築けていたりする者の方が、休校中、教員とのコミュニケーションができていると感じている割合が多い

では、学校からの連絡を受け取るという行為は、何に規定されているのだろうか。図31は、「学校生活を楽しんでいる」「学校で他者との関係を築けている」に対する回答と教員とのコミュニケーションに対する認知について分析を行った結果である。**普段、学校において「学校生活を楽しんでいない」「学校で他者との関係を築けていない」場合、そうでない場合に比べて休校中に教員とのコミュニケーションができていると感じる割合が少ない**ことがわかる。この結果から、生徒が休校になる前に学校において教員や友人との関係を築けており、休校になってからも学校との関係性を継続していこうという生徒の意思があってこそ、教員と生徒のコミュニケーションは成立した

と考えることができるだろう。言い換えれば、学校が生徒にとって「自分を受容してくれる居場所」になっていなければ、コミュニケーションは難しいということだ。表9で見たように、「学校での受容感」は休校中の学びの継続や心身の健康に広く影響していたが、コミュニケーションにおいても重要な影響を与えていたのである。ただし、改めて注意しておきたいのは、生徒に受け取る気持ちや準備がなければ教員からのメッセージは受け取られないということは、休校中だから生じる問題ではないということだ。教室で対面していても、同じことが起こっていた（いる）のかもしれない。そうであれば、普段から生徒が「学校での受容感」を育めるようにサポートすることが重要なのではないだろうか。

さて、ここまで高校生調査の結果に基づいて、生徒と教員との円滑なコミュニケーションに有効だった取組について、三つのポイントを検討してきた。繰り返しになるが、生徒が教員と「コミュニケーションができている」と感じられるのは、ＩＣＴを上手く活用するなどしながら（ポイント②）、高頻度でやりとりができている場合であるが（ポイント①）、そもそも、学校が生徒にとって「居場所」と感じられているということが、そうしたコミュニケーションを成り立たせる基底的な要因となっていた（ポイント③）。これらは、休校中のコミュニケーションの場面で前景化してきたポイントだが、決して今回の休校中のような非常事態にのみ当てはまるというようなものではない。むしろ、**普段からこうしたポイントについて意識した取組が求められている**といえるだろう。

7 まとめ

第2章では、休校期間中、子どもたちがどう過ごしていたかを「学びの継続」「心身の健康」「他者とのつながり」という視点から確認してきた。本書のテーマである学び続けることについては、「学習時間」と「成長実感」で捉えた。休校中の学習時間は、まったく勉強をしない子が普段に比べて減っているものの、まったく勉強しなかった子の学習の遅れが深刻になっている可能性が示されていた。この狭義の学習以外に、休校によってできた時間を新たな趣味、家事、勉強の強化などに充てた結果、自分自身の成長を実感した子どももいたことも明らかになった。一方、休校中の子どもたちのストレス反応は通常よりも強いことが示された。基本的に家族以外の他者と直接会えないという休校期間中の特殊性、休校措置の原因となった新型コロナウイルスの感染が終息しないこと、それにともなって休校措置もいつ終わるかわからないという見通しのなさが、心身に負荷のかかるものだったことは想像に難くない。

では、学校や保護者は、こういった学びの継続や心身の健康を支えられていたのだろうか。繰り返しになる部分もあるが、再度まとめたい。

教員とのコミュニケーションを含めた学校の取組は、休校中の生徒の学びの継続に影響していたことから、**学校の取組によって子どもの学びが継続できた面は少なからずある**と考えられる。教員とのコミュニケーションができていると感じている場合、学習時間が確保できていた。「Web上掲示板、メールでの学校に関する連絡あり」という休校前からの学校のＩＣＴ活用状況が、ストレス反応や学習時間と関連していた。この効果をふまえると、生徒は学校のWebサイトに掲載されている情報であれば手軽に入手でき、その結果、行事や課題などを認識し、やることが明確になったり、不透明なりにも見通しを立てることができたりしていたのではないかと思われる。つまり、そのように学校や学習に関する情報が入手できていたことによって、何をしたらよいのかわからない、自分だけが何もしていないのではないかなどの不安やストレスは軽減され、結果的に現状に対するいら立ちや無力さを感じることが少なくて済んだのかもしれない。子どもが学校に行かなくても、学校から発信された情報を受け止めるには、休校前からの教員や友人を含めた学校との関係性が重要であることは認識しておきたい。

この学校との関係性を保つのは子ども本人だけではない。緊急連絡網を使った連絡事項の場合は、学校からの連絡をはじめに受けるのは保護者の場合が多く、特に、子が小さい場合は休校中に保護者が代わりに学校に行くなど、保護者が学校からの情報を子に伝達する役割を担っていた。ただし、保護者は、学校からの情報の伝達者の役割だけを果たしていたわけではない。通常と同じように家庭での教育を担い、子の養育を担ってもいる。保護者が子を過度に気にかけることは、高校生の子にとってはストレスになることも確認されたが、心身の健康状態や成長実感といった学習以外のところで学びを支えたのは保護者だった。今回の調査結果では示されていないものの、子が小さい場合、保護者の関わりは、学習面でも子の学びを支えていたであろう。いずれにしても、保護者が声をかけて子の生活を整えることは、自立前の子にとって重要な支えとなることが改めて示されたといえよう。

しかし、この質問紙調査で把握できることには限界がある。例えば、学校の取組が子の学びを支えていたことはわかったが、実際それらの取組がどのように決定されていたのかはこの質問紙調査からだけでは知ることができない。子どもたちや保護者の感情は、数字には表れにくい。次章では、インタビュー調査によって、休校中の学校、保護者、子ども、そして支援者の動きについて、より具体的に明らかにしていく。

第3章

学ぶ人、学びを支える人が語る「そのとき」

第3章では、インタビュー調査の結果を示していく。インタビュー調査は、1都3県を中心に、小・中・高等学校の教員、中高生、保護者、教育系NPO法人の支援者を対象に行った。以下では、これらの調査をもとに、**学校の教員が「そのとき」にどのように直面し、子どもの学びを支えようとしたのか（第1節）、中高生や保護者は休校中どのように過ごし、何を感じていたのか（第2節）、子どもの学びや生活に関わる支援者たちは何を懸念し、どう動いたのかを明らかにする（第3節）。**さらに、本章の最後には、本プロジェクトの中間報告会（2020年6月、オンラインで実施）での座談会の様子が収録されている。この座談会には、高校教員、大学教員、高校生、支援者が登壇し（このうちの何名かは、子をもつ保護者でもある）、それぞれの立場から「そのとき」を振り返るとともに、「これから」の学びのあり方について対話を交わした。

それぞれのアクターによる個別的な「事例」と「語り」から、「そのとき」を振り返り、「これから」について考えるためのヒントを探ってみよう。

1　教員

　突然の休校要請を受けて、教員は慌ただしく子どもたちを帰宅させるための手筈を整えた。子どもの姿がなくなった学校は「とまった」かのような静けさであっただろう。だが、教員たちは立ち止まってはいられなかった。第2章では、「学校の取組」について高校生および保護者の認知をもとに検討したが、本章では、そうした取組が実施されることになった経緯や、その背景にある思いを教員たちの語りから明らかにしていく。

　先の読めない状況の中で、様々な制約を抱えながら、教員たちはどのような挑戦と奮闘の日々を過ごしていたのか。教員調査では、小・中・高等学校に勤務する7名の先生方に、60分程度のインタビューを行った（表10参照）。なお、調査対象者の氏名はすべて仮名としている。また個人が特定される情報を除いて、調査対象者の発言は可能な限りインタビュー時の言葉遣いのまま掲載している。

表10　教員調査の概要

調査目的

新型コロナウイルス感染拡大による臨時休校措置にともなう、①学校による対応の経緯、②生徒、児童の生活面・学習面のサポートの実態、③学校の役割や教員の仕事についての認識の変化、④学びを支えることに向けた課題認識を把握すること。

調査時期

2020年4月13日〜6月29日

調査方法

ビデオ会議システム（Zoom）を用いたインタビュー（60分程度）

調査対象

小・中・高等学校に勤務する教員7名。

仮名	所属（設置者）	職位・職階
伊藤 豊	A高校（公立）	3学生担任
庵野 浩史	B高校（公立）	1年生担任
勝田 慎一	C学園（私立・中高一貫）	教頭
今井 あまね	D学園（私立・中高一貫）	管理職（主事）
山口 健	E中学校（公立）	1年生担任
広瀬 美香	F中学校（公立）	3学生担任
東山 透	G小学校（公立）	5年生担任

一斉休校は突然に――2月27日～3月上旬――

2月27日、首相官邸で開かれた政府の新型コロナウイルス感染症対策本部の会合において、全国すべての小学校、中学校、高等学校、特別支援学校等に対し、3月2日から春休みまでを臨時休校とするよう要請することが表明された。

横浜市の小学校に勤務する東山透先生は、自宅へと帰る電車の中でこのニュースを知った。翌日、同僚と「休校になっちゃうのかなぁ？」などと話していたら、その日中に教育委員会から一報が入ったという。

ところ変わって、東京都立の高校では、首相が通知を出す前日に休校の決定が教員に知らされていたようである。庵野浩史先生は、2月26日登校日の時点で翌日に休校の通知が来ることを知らされ、自身が担任する3年生の卒業式について規模の縮小を検討していたという。

庵野先生　2月26日には翌日に休校要請の通知が来るということを知らされていました。なので、27日には生徒に配布物を渡し、卒業式は規模を縮小して行うことになりそうだとだけ伝えて、すぐに下校させました。

急だったとはいえ、教員は一斉休校の可能性をある程度予想していた。だが、こうして始まった休校が3か月以上にもわたって続くことを予想していた教員はほとんどいなかったようである。都立A高校に勤める伊藤豊先生も、この時点では、「分散登校など、どのようにすれば生徒を登校させることができるだろうかという視点」で話合いがなされていたと振り返っている。東山先生は、当初はまたすぐ学校が再開されるだろうと思っていたと、そのときの心境を語っている。

東山先生　その時点（2月27日時点）ではまたすぐ再開するんじゃないかとか、最後の3日間ぐらいは登校できるんじゃないかとかそんな希望的観測があったので。なので、そこに向けてあと残りの期間で何ができるかっていうのは考えましたね。でも結局春休みまでなってしまったので。

休校が学年末に重なっていたことも、多くの教員の悩みの種であったようだ。2月、3月はこの1年間で積み重ねてきたことをまとめていく大切な時期である。「子どもたちとこんなことをやって終わりにしたいなっていうのは、私たち教員はイメージしているんですが、それができなくなってしまって。休校に入ってから、できなかったなという実感が湧いてきました」（東山先生）という言葉からうかがえる心残りは、多くの先生の胸にあったのではないだろうか。

略式での卒業式、放送での修了式——3月——

3月に入ると、庵野先生はすぐさま卒業式の規模縮小にとりかかっていた。だが、**そうして計画を練り直している最中にも、方針変更の要請や新たな懸案事項が生じたという。**

庵野先生　卒業式がどうなるかというのが、一番の懸念材料でした。規模を縮小して計画を練り直している間にも、状況が変わっていって、何度も準備をし直したのでなかなか大変でした。

同校では、予行練習などはすべて中止し、プログラムを短縮して3月7日に卒業式を行った。式では国歌斉唱や式歌の斉唱などをとりやめ、最後に校歌だけを歌うことにしたそうだ。なお、修了式は、3月25日に行ったが、体育館などには集まらず、校内放送を通じて教室にいる生徒に校長先生が語りかけるというやり方がとられた。庵野先生自身も異動を控えていたため、同日、校内放送で行われた離任式で送り出されたとのことだった。

広瀬美香先生が勤務していた中学校の場合、卒業生の保護者と在校生については臨席をとりやめ、卒業生と教職員、PTAの代表者のみで行われた。人の移動と密集を極力避けることを第一優先としたため、こうしたやり方への異論は出なかったそうだ。また、東京都内の私立D学園では、修了式は中止とし、通知表などはオンライン上で渡すという対応がとられたとのことであった。

以上のように、**卒業式、修了式のために分散登校や滞在時間短縮を前提として子どもたちが登校することはあったものの、基本的には休校措置が維持されたまま、春休みに突入することとなった。**

新学期早々の休校延長——4月上旬——

新年度を迎えた4月1日、異動先の学校に着任した庵野先生（都立B高校）に休校延長の一報が入った。

庵野先生 始業式についてはとりあえず生徒たちを集めて、体育館で始業式をやりました。体育館では生徒たちの距離を空けて、休校が延長になるということで、教室には入れずに、その場で担任から長期休校中の過ごし方についての連絡をして、解散となりました。あとの細かいことは、学校のホームページとTwitterで連絡しますとだけ伝えて。入学式については、やらないっていう形になったので、6日に急遽すべての1年生のお家一軒一軒に、「入学式は延期になります」という電話をしました。

都立A高校の伊藤先生も、始業式の実施と入学式の中止の経緯を次のように振り返っている。

伊藤先生　始業式は登校させました。学年によって対応がばらばらでしたが、一応登校はさせました。入学式は最終的には前日に中止の決定が出たので、ホームページにお知らせを出して、あとは新1年生の担任の先生方が電話で個別に「中止です」っていう連絡をしてました。

他方、広瀬先生の勤務する横浜市立F中学校では、生徒が学校にいる時間が極力短くなるように配慮した上で、校内放送を用いて入学式が行われた。生徒が下校すると教員は全教室の消毒に回ったそうだ。東山先生の勤務する横浜市立G小学校でも、6日に入学式が、7日に始業式が行われたが、2~3時間程度で終わらせ子どもたちを帰宅させている。

このように多少の対応の違いはあったが、まだ顔を合わせたことすらない新入生への連絡は電話に頼らざるをえなかったようである。また、人事異動のあった庵野先生（都立B

高校）、広瀬先生（横浜市立F中学校）、東山先生（横浜市立G小学校）、今井先生（私立D学園）は、赴任先の生徒と顔を合わせ、関係をつくる機会がほとんどないまま、長い休校期間を乗り切らなければならなかった。

子どもたちへの働きかけ——4月中旬・下旬——

少なくとも5月の連休明けまでは休校が続くことが確実となると、いずれの学校でも学びをとめないための対策が模索されるようになる。まず着手されたのが、教科書や学習課題（学習プリントなど）の配布だが、配布の方法も学校段階や学校のもっているリソースによって様々であったようだ。

小学校の場合は学区が狭いこともあってか、担当する子どもの家を回って、学習課題をポスティングするという方法がとられたようである（東山先生）。都立高校の場合は、教科書等を郵送する作業が行われていた（伊藤先生）。あるいは、生徒の状況に鑑みて、自力で課題をこなすのは困難と判断し、課題の配布を行わなかったという学校もあったようだ（庵野先生）。

他方で、4月の中旬にはすでにオンラインで授業を行っていたという学校もある。今井先生の勤める私立D学園ではかねてよりBYOD（Bring Your Own Device）、すなわち生徒が自分専用の端末を持つことが徹底されていたため、オンライン授業への移行がきわめてスムーズに行われたとのことであった。同校では、4月13日という早い段階で、Zoomを用いたホームルームや授業を始めることができている。

ただし、こうした設備や体制が十分とは言い難い公立学校においてもオンラインツールを用いた試みがなかったわけではない。都立A高校の伊藤先生は、「1日1回、家の周りを散歩して、何でもいいので写真を1枚とって、簡単なコメントをつけたりして送って」と生徒に提案したそうだ。写真の共有はLifelogというSNSアプリを用いて、簡単にできるようになっている。この試みを始めたきっかけを伊藤先生は次のように語っている。

伊藤先生 生徒たちの話を聞いていると、家から一歩も出ないいっていう子が結構いるんです。気分転換のためにも、ちょっと家の周りを歩いて、外の空気に触れてほしいなと思って。あと、それぞれがどういう生活の場所で過ごしているのかなっていうのが、写真から感じ取れたらいいなって。生徒の様子をわかりたいなっていう気持ちがあって始めました。

休校や外出自粛が長引く中で、子どもの体調や生活への心配を口にしたのは、伊藤先生だけではない。赴任校で5年生の担任となった東山先生は子どもたちの様子を知るために電話連絡を続けていた。**電話連絡は手間も時間もかかるが、言葉や文字では知ることので**

きない子どもの様子を感じ取るには有効だという。家庭に極力負担をかけずに、子どもの声を聞くことができるという点でも電話にはメリットがあるとのことであった。

東山先生　やっぱりお家の方も、協力的な場合もあれば、そうでない場合もあるので。面倒を見てもらえていないケースもあると思います。電話でつないでもらったときには、子どもが今悩んでることとか、困っていることとか、聞けたらいいなと思って、電話連絡はしています。

他方で、生徒や保護者からの相談を受けつけやすいという点では、メールでの相談窓口をもっておくことも重要であるという。勝田慎一先生（私立C学園）には、相談のメールが次々に寄せられていた。

勝田先生　特に高校3年生はやはり入試のことがとても気にかかっているみたいですね。相談メールにも、どうやって勉強していけばいいのかとか、今やってることが本当にいいのかとか、といった不安が寄せられています。学校にいれば友達の様子もわかるし、先生にもすぐアドバイスをもらえるけど、今は完全に一人になって、悩みを抱え込んでいるようです。僕はオンライン授業のときに個人のメールアドレスを公開しているんですが、そこにバンバン相談が来ます。

学校に通うことができなくなったことにより、子どもたちが通常以上に悩みや不安を抱えて孤立するということが起こりやすくなる。学校や教員と生徒、保護者がお互いの状況をいかに共有できるかが、長期化する休校の中で重要なポイントとなっていったようだ。

連休明けの休校再延長――5月――

休校措置も2か月が過ぎようとしているころ、先生方の問題意識は長期戦を見据えた対策へと向けられるようになっていく。大型連休を直前に控えた4月30日にお話をうかがった広瀬先生は、そのときの悩みを次のように語っている。

広瀬先生　これまでも学習課題の配布はしてきたけれど、子どもの様子を直接把握できていないので、次にどんな課題が必要なのかが今一つわからないところがあって。音楽の先生もリコーダーのテストをオンラインでしたいとおっしゃっているんですが、今の段階では対応できていません。音楽に限らず、テストや成績評価をどうするのかというのも課題です。家でテストを受けるようにするとしても、これまでどおりのテストだと解答を検索することも可能な部分があるので。問題の出し方も変えなくてはと。そのあたりのことを考えている最中です。

4月に出された通達では、連休明けの5月6日までの休校延長が決定されていたが、この休校延長がさらに延びるだろうということを、連休前には誰もが覚悟していたようである。保護者からも、自宅学習の指針として時間割を組んでほしいという要望が寄せられたという。広瀬先生の学校でも、担任の判断で、時間割を作成し子どもたちに配布したとのことであった。

私立C学園で教頭を務める勝田先生はすでに5月以降の休校延長に向けた準備を進めていた。同校では4月22日の時点で、5月からは時間割を組み、それに合わせてZoom等で授業を行うことを決定していたとのことである。**こうした決定の背景には、休校が続く中で生活のリズムが崩れ、学習習慣が徐々に失われていっていることへの危惧があったようだ。**

勝田先生 ゴールデンウィーク中も結構な数のメールが来ました。子どもが勉強をせずに、ごろごろしてばかりいるとか。反抗期でどうしたらいいか困っていますとか。そういったご相談がありました。必要があればその学年の先生に状況を共有することもありました。

このように、子どもたちの生活習慣、学習習慣の乱れが表面化していく中で、長期的な視野に立った対策への動きが始まっていったようである。

学校再開に向けて

5月に入ると「新しい生活様式」が提唱されるなど、緊急事態宣言の解除、経済活動の再開の兆候が見られるようになる。休校措置についても、感染者の少ない都道府県から徐々に解除が進められていった。東北地区・九州地区を中心とした10県については5月18日までに段階的に学校再開となり、それに続いて栃木県、山梨県、長野県、静岡県や北陸、四国、九州、沖縄といった地域で学校再開が進められていった。首都圏および北海道、京都、大阪、兵庫などが学校再開となったのは6月1日。分散登校や短縮授業などを含む段階的な再開となった。

ようやく学校再開とはなったものの、課題は山積していた。**中でも喫緊の課題と目されたのは、学習の進度の遅れや入学試験への対応である。加えて、休校や感染対策のため中止となった学校行事や部活動の大会についても対応を迫られていた。**

勝田先生　中間テストもこのままだとなくなるでしょう。学習の遅れについての不安にしっかり対処して、キャッチアップしていかなくてはならないと思っています。それだけではなくて、体育祭もなくなりましたし、修学旅行にも影響が出ると思います。部活についても制限されるでしょうし。特に高校2年生なんかは、楽しみにしている行事がたくさんある学年なので、それがことごとくなくなっているので、そのことでストレスというか、あると思うんです。すべてなしにするのではなくて、今の状況で何かできることはないか、考えて、ケアしなければと。子どもたちが「こんなことやってみたいんだけど」と言ってきたときに、「いいね、やってみよう」と、そういう場がもてるようにしたいですね。

学習については遅れだけではなく、格差に対してもケアしなければならない。だが、**学校が再開されたからといって、遅れや差を取り戻そうと躍起になることにも注意しなければならない**と、東山先生は言う。

東山先生　学年の先生とも話していたんですが、学校が再開したからといって、カリキュラムを意識してこれをやりたい、やらなきゃという私たちの思いが強すぎてもよくないなって。ようやく学校に来られたばかりの子どもたちとの間に温度差ができてしまう。まずは、子どもたちの気持ちに寄り添いながら、子どもたちとの関係づくりを大事にしないと厳しいねっていうのを教員同士で話しています。朝の会でミニゲームをやったりして、学校での時間が楽しく始まるように工夫してみたりしています。

こうした言葉からうかがえるのは、休校解除は、学校にとって新型コロナウイルス感染症との新たな闘いの始まりであるということだろう。学校は今、休校がもたらした様々な変化や影響を受け止めつつ、再度の感染拡大に備えなければならないという状況におかれている。学びを支えるために何ができるのか、4か月にも及んだ休校中にうかがった先生方のお話の中にそのヒントを探ってみよう。

オンラインツール活用はどこまで進んだのか？

学校に来られないとしても、学びをとめるわけにはいかない。そこでこの間、急速に進められたのがオンラインツールを使った遠隔授業等の試みである。とはいえ、お話をうかがってみると、どの程度、どのようにオンラインツールを活用しているのかは、学校によって実に様々であった。まずは、お話をうかがった中でも、最もオンライン化が進んでいたと思われる私立D学園の状況から見てみよう。4月に同校に着任した今井あまね先生は、昨年度3月まで勤務していた公立校との違いに愕然としたという。

今井先生　まったく別の世界に来たような感覚がありました。校内すべてにWi-Fiが通っていて、生徒全員が以前からOffice 365の登録をし、学校で使う各自のメールアドレスを持っているんです。そもそも、生徒が全員、自分のパソコンを持っています。すでに授業中にパソコンを使うとか、課題提出をオンライン上でするとかいうことに生徒たちは慣れているんです。教員が在宅勤務になって、オンライン授業やオンラインでの課題提出がスムーズにできたのは、普段から使っていたからという部分が大きかったなと思います。

ＩＣＴ環境が整っていることはもちろん、生徒がオンラインツールの活用に慣れており、教員にも使用についてのコンセンサスがあることが、今回、非常に大きなアドバンテージとなったようだ。同校では、４月13日からオンラインでの授業を開始している。午前中はオンライン授業、午後はオンライン上での学習相談室が設けられており、生徒はわからないことなどがあると、相談室で質問できるようになっているという。加えて、４月27日からは、談話室も設けられ、こちらはスクールカウンセラーと養護教諭が担当し、オンラインで悩み事を話せるようになっている。もともと不登校ぎみだった生徒でも気軽に入って話ができるようにと設置したとのことであった。

なお、同校では、**学校再開後も継続してオンラインツールの活用場面を増やしていきたいとのことであった。具体的には、保護者、生徒と担任教師で行う三者面談などをオンラ**

インで行うことなどを考えているという。こうした変化について、今回の休校措置がきっかけとなって「パラダイムシフトが起こったような感じがする」と今井先生は語っていた。

しかし、当然ながらオンライン化への移行が速やかになされた学校ばかりではない。都立高校に勤める伊藤先生、庵野先生はそもそもオンラインで授業を行うという選択肢自体が想定されていなかったとして、次のように語っている。

伊藤先生　まず圧倒的に今の状況に追いついていないな、という感覚がすごくあります。特にICT環境に関して、決定的に追いついていない。大学をはじめとして、高校でも、特に私立などはオンライン授業が始まっているようですが、ほとんどの公立の小中高では、ICTを生かしてオンラインで物事を進めるという方向についてのコンセンサスがまったくないんです。

庵野先生　休校ということになって、さて何ができるだろうと思って、一部の学校でオンライン授業がやられているのを調べてみたりするんですが、そもそも自分の学校ではまったくそんなことをやるような動きもないし、何か提案できる立場でもなくて、すごくもどかしいです。普段からもう少しICTを使って生徒と連絡をとれる仕組みをつくっておくべきだったなと思います。

こうした教員の声を聞く限り、オンラインを活用した学習支援のためには少なくとも、**①オンライン化へのコンセンサス、②ＩＣＴ環境、③ＩＣＴ活用のノウハウの蓄積と共有**が求められる。だが他方で、これらの要素がひとまずは揃っていると思われる学校でも、オンライン活用を進めていく中で様々な課題が見えてきているようである。

オンライン化の課題

新型コロナウイルス感染症対策が長期化していく中で、オンラインツールを用いた学習支援のための体制づくりは、すべての学校にとって不可避の課題となっている。ところで、オンラインツールを用いた学習支援といってもその内実は様々である。現在主流となっているのは①同時双方向型と、②オンデマンド型（事前に撮影された授業の様子を配信）であるが、この二つにおいてすら長短がある。①同時双方向型はなんといってもライブ感があり、学習者同士のコミュニケーションも容易である。だが、ネット環境が不安定になると途端に混乱が起こるのが欠点である。他方、双方向性や即時性に欠ける分、②オンデマンド型ではこうした混乱は起こりにくい。学習者が観たいときに、何度でも観られるというのも強みだろう。さらに、以上の二つの方法を基本としつつ、オンラインとオフラインを組み合わせた授業方法も模索されている。

活用のあり方によって課題も様々ではあるが、ここでは、PC端末やWi-Fi環境の整備の次にどのような困難が待ち受けているのかに焦点を当て、授業のオンライン化の初期段階おいて語られた課題を示しておきたい。

①セキュリティーとプライバシーの問題

まず挙げられるのは、セキュリティーの問題である。具体的には、第三者による授業映像の閲覧や拡散といった問題や、カメラやマイクのハッキング、ユーザー登録の個人情報の漏洩などがこれにあたる。セキュリティーの不備はただちにプライバシーの保護に関わる。そのため、安全が確認されていないツールやアプリについては、学校での使用を禁止ないしは制限するほかないという。休校措置後、いち早くオンライン授業を開始した私立D学園の今井先生や、5月からのオンライン授業に向けて準備を進めていた私立C学園の勝田先生によれば、オンライン授業を学校全体で行うにあたってセキュリティーの問題がネックになったという。

②家庭の通信環境の問題

ツールの機能の問題とは別に、オンライン授業の実施が見送られた背景には、**家庭の通信環境の不足や格差の問題**があったようである。オンライン授業を実施する際には、各家庭にネット環境はあるか、通信速度や通信量はどの程度かを確認しなければならない。勝田先生が保護者に行ったアンケートでは、パソコンがないと答えた家庭が全体の約5%、3~5GB程度で通信制限がある家庭も全体の5%ほどだったとのことだ。家庭にパソコンなどの端末があったとしても、子どもが日中使用できるとは限らない。保護者が仕事に使用していたり、兄弟が使用している場合もある。

実は、こうした家庭の通信環境については、休校期間中にその実態がしっかりと把握されていたとは言い難いようである。東山先生の勤務する横浜市立G小学校では、学校再開となった6月にようやく家庭の通信環境についてのアンケートが行われることになったという。再度の感染拡大に備えるという目的に加えて、教育委員会よりGIGAスクール構想に先んじた調査の要請があったために、6月1日からの3日間でアンケート調査を行うこととなった。裏を返せば、休校中にはこうした調査は行われておらず、「動画配信はやっていても、家庭からアクセスできているかの把握はほとんどされていなかったというのが現実」(東山先生)だったようである。

③家庭での学習のサポートの問題

学習課題の配布や授業動画の配信があったとしても、それだけで学び続けられるわけではない。**子どもの年齢にもよるが、端末の使い方を教えたり、課題への取り組み方につい**

て助言したり、学習の内容についての疑問に答えてくれる、「伴走者」が必要となる。休校期間において、家庭にはこうした学習への様々なサポートが求められていた。だが、こうしたサポートを完全に家庭に委ねてよいものだろうか。横浜市では教育委員会が主導して早い段階からｅ-ラーニングのコンテンツが配信されていた。だが、同市の中学校に勤務する広瀬先生（Ｆ中学校）によれば、実際にそれを観て学習した子どもはごく少数だろうとのことであった。東山先生（Ｇ小学校）はその状況を次のように語っている。

東山先生　市内の力のある先生が授業の動画をとって配信するということがやられていましたが、やはりアクセスできる子とできない子がいたようで。スマホやパソコン自体は家庭にあっても使えているかは別で、家庭環境に左右されるので難しいなと思います。

こうした問題は、横浜市が提供していたｅ-ラーニングのコンテンツ自体の良し悪しによるものとは断定できないという点には留意が必要だろう。藤沢市でも同様にｅ-ラーニングが整備されていたが、同市の中学校に勤める山口健先生（藤沢市立Ｅ中学校）も、それを活用できた子どもたちは多くないだろうと述べている。**学習課題の配布や、授業動画の配信がされていることと、子どもが学んでいることはイコールではない。**学校であれ家庭であれ、学びには伴走者が必要であることを再認識した上で、家庭への負担増が格差へ直結しないよう留意しなければならないということだろう。

休校措置に対処できた学校、できなかった学校

お話をうかがっていると、突然の休校措置とその長期化に対して、ある程度対応できたという学校と、まったく動けなかったという学校には、重要な差異が見受けられた。端的にいえば、それは**①初動での個々の教員の裁量の差と、②長期的な見通しに立った組織的な取組の差**であるように思われる。

4月中旬には全校でのオンライン授業が開始された私立D学園では、オンラインでの子どもの学習、生活の支援に向けて教員それぞれが試行錯誤し、自発的なオンライン勉強会が立ち上がっている。こうした個々の多様な試みがなされる一方で、「緊急事態だからこそ、みんなで協力しながら対応していこうということで、オンラインで毎日職員会議を行い、学年を超えて子どもの様子などが細かく共有された」という。4月に同校に着任した今井先生は、「困難を乗り切ろうという一つの目標に対して、教員全員がフラットな関係で対応できたのがよかった」と振り返る。

他方、少なくとも今回インタビューした公立学校の先生のお話からは、個々の教員が裁量を発揮しにくい状況がうかがえる。4月の段階では、学習課題の配布や電話連絡などの

業務があったものの、教育委員会や管理職の指示を待つほかなく、余力をもてあます教員も少なくなかったようである。さらに、今回のような予測困難な事態では、指示が出されたころにはすでに状況が変わってしまっており、対応が後手に回るという悪循環もみられた。

伊藤先生　例えば、教育委員会から5月6日までは休校とするという指示が来る。そうすると学校では5月7日に再開することを前提とした議論や準備しかしない。本当に予定どおりに再開されるかなんてわからないのに。で、教育委員会から「休校を再度延長します」と言われたら、今度はそれに合わせて対応を考えるんです。

こうした状況に危機感を抱いた伊藤先生は、学年団の先生方と協力し、オンラインでのホームルームや授業動画の撮影にとりかかった。だが、それが学校全体の動きになることはなく同校にいる60人ほどの教員のうち、オンラインを含めた生徒の学習、生活支援に動いたのは4月中旬では伊藤先生を含めた6人だけだったとのことである。

問い直される学校の役割、教員の仕事

感染予防としての休校、それも今回ほど長期的で全国的な休校措置はこれまでに例を見

ない。今回の休校において、学校教育に関わる者であれば、誰もが「学校は何ができるのか。学校の役割とは何なのか。学校にどんな変化が求められているのか」と問わずにはいられなかったのではないだろうか。庵野先生、伊藤先生は、**これまでの取組が本当に子どもたちに主体的に学ぶ力をつけることができていたのかを問い直しつつ、子どもたちの主体的な学びを支える方法を模索しなければならない**と語っている。

庵野先生　休校になって、普段からどれだけ生徒たちが主体的に、要するにアクティブラーナーになれているのかが問われていて、休校中にその差が出てくるように思います。課題を出したとしても、それへの取組が受動的になってしまってはだめで。これを機に、普段の授業に限らず、課題の出し方や生徒との関わり方を見直すべきだなと思っています。

伊藤先生　生徒が学校に来て、時間割に合わせて一斉授業をして、部活をして、行事をやって、そういうことができなくなったからこそ、これまで当然のようにやってきたことが本当に生徒の主体的な学びにつながっていたのかということが問い直されているように思います。単に従来のやり方に戻るのでも、中止にして終わりにするのでもなく、学校の授業や教育活動のそれぞれがもっている意味を考えて、オンラインにせよ、それをどう実現していくかを探らなければと思います。

2015年以降、学校教育では「主体的・対話的で深い学び」（アクティブ・ラーニング）の視点からの授業改善が推進されてきた。対話を通じて学ぶ、社会とつながりながら学ぶ、経験を通じて学ぶ、いずれも人の関わりや出会いを重要な契機としている。だが、その「関わりや出会い」がリスクとなった今、教員の思いは複雑だ。

東山先生 集団でいることの意味は大きいんじゃないかと思います。一緒に何かを考えたり、それぞれの考えがつながっていく中で見えてくるものがあったり。学ぶことにおいて、他者の存在ってすごく大きいと思うんですよね。その場に共にいて、共に学ぶという、そういう生活をしている強みがあると思います。なので、僕たちは授業の中でも学級づくりをしている、学ぶことと共に生きていくということをすごく意識してやっているんです。

「学ぶ」ということは、他者と共に生きるということをその内に含んでいる。安全に生活することと、安心して学ぶこと、私たちは両者が折り重なっていることを当然のように感じていた。だが、現在、安全と安心を両立させるのは容易なことではないという現実の前に、教員は立たされている。**教員にとってウイルスへの抵抗は、他者と共に学ぶことの意義を問い直し、その実現可能性を探る挑戦でもあるのだろう。**

2 子どもと保護者

本節では、**中高生および保護者に対するインタビュー調査の結果を示していく。**

「学びを支える」ためには、まずは学びの主体である子どもの生活や学習の状況を把握し、そうした個々の子どもの実態に応じて、必要なサポートを講じていくことが重要であろう。だが、新型コロナウイルス感染拡大による休校措置や外出自粛は、家庭外のアクターが子どもの様子を把握することを著しく困難にした。実際、教員へのインタビュー調査においても、直接子どもに連絡する手段がないことや、家庭での様子が詳細には把握できないことに対して、不安や懸念を感じる声が複数挙げられた（前節参照）。**長引く休校下、家の中では一体何が起こっていたのだろうか。**

中高生へのインタビュー調査から

今回の調査では、子どもの生活および学習に休校措置が与えた影響や、子どもの「学び

表 11　中高生調査の概要

調査目的 新型コロナウイルス感染拡大による臨時休校措置下における、①中高生の生活および学習の実態、②学校・保護者・社会からのサポートに関する認識、③生活および学習に対して休校措置が与えたポジティブな影響／ネガティブな影響に関する認識を把握すること。 **調査時期** 2020 年 4 月 21 日～4 月 28 日 **調査方法** ビデオ会議システム（Zoom）を用いたインタビュー（30 分～45 分程度） **調査対象** 中学 1 年生～高校 3 年生の 10 名

をとめない」ための様々なサポートについて、子ども自身がどのように感じていたかを明らかにするために、中高生を対象としたインタビュー調査も行った（調査概要は表11を参照）。ただし、今回は学校経由で調査を依頼することがきわめて困難な状況であったため、一部、子どもの学習および居場所支援を展開するNPO法人経由で調査を依頼した。そのため、調査対象者には、このNPO法人のサービスを利用している中高生が多く含まれている。調査では、学校名および居住地について任意での回答を依頼した。以下では、調査対象者の氏名はすべて仮名とし、学校名を伏せている。学校設置者の別（私立、公立等）および居住地については、調査対象者が回答した範囲で示すこととする。なお、〔　〕は引用者による補足である。ではさっそく、中高生が「そのとき」をどのように過ごし、何を思っていたのか、一人ひとりの声に耳を傾けてみよう。

三浦　陽菜（中学1年生、私立中高一貫校／滋賀県在住）

インタビューは4月21日に実施。最初の休校措置が決まったときは、小学6年生だった。もともと料理が好きで休日に作っていたが、休校になって毎日できるようになったので、パソコンでレシピを調べて新しい料理を研究している。最近はマカロンにも挑戦。学校が始まっても、休日だけでなく、朝ご飯も作れるように早起きしたいと思っているという。

1日の過ごし方

朝は大体6時半ぐらいに起きて、ご飯を食べてから、外にバスケットゴールがあるので20分ぐらい運動します。お昼まで勉強したり遊んだりして、お昼ご飯を食べてからも勉強したり遊んだりします。毎週水曜日は友達と遊ぶ約束をしているので、そのときだけはもう勉強もなしで、外でバスケをやったりして遊んでいます。1日の過ごし方は、休校になる前とほとんど一緒です。

学校からの課題

一応入学式を5月上旬にやる予定なので、それまでの課題を出されています。入学式が延期になった2、3日後に郵便で届きました。

学校からは、課題のほかに「困ったことがあったら電話してください」みたいな電話があって、1回だけ電話をかけたことがあります。音楽の課題で「民謡を調べて、新聞を書こう」というのがあったんですけど、書き方がちょっとわからなくて、音楽の先生に聞きました。

学校の課題以外の学習

私は英検と漢検をやってるんですけど、その試験も延期になって。でも、長い時間延びるので、また準備できるから。英検と漢検の勉強は、最初はお母さんにすすめられて始めました。英検はそこまで好きじゃないんですけど、漢検は好きなので今は準2級を目指しています。高校を卒業するのに、英検と漢検と、あと数検とかも資格が必要なので、それまでにもう少し上の級まで狙いたいと思ってやっています。

休校中の学習で困ったこと

わからないことがあったときに、先生にぱっと聞けなかったり、調べてもあんまり上手く答えが出てこなかったりするから、それでちょっと困りました。わからないことがあったら、大体はお母さんに聞いていて、おばあちゃんにも聞いたりするんですけど、間違ってることが多くて。同じ中学に行く友達に「ここわからないから教えて」ってLINEで聞いて、電話で「こうやったらいいよ」とか教え合ったりできるのが、今は一番役に立っています。

休校になって残念だったこと、不安なこと

同じ中学校に、小学校の友達と塾の友達はいるけど、やっぱり数が少ないので、もっとほかの友達と会って話したり、LINEを交換したりしたかった。

あとは、学校の先生と直接話してみないとどんな先生かわからないから、質問があってもあんまり詳しく聞けない。一応ホームページに先生の紹介みたいなものがあって、それで「こんな先生なんや」とかは見たけど、実際に話してみたいなと思って。

休校になってうれしかったこと、楽しいと思うこと

休校になって、任天堂Switchをやったり、友達とLINEで会話したりする機会が増えたこと。前よりも勉強の量は増えたけど、楽しくゲームしたりできているので、ずっと休校でもうれしいなとか思うけど……。でも、やっぱりみんなに会いたいから。

学校や先生にお願いしたいこと

学校の先生とZoomとかを使って直接しゃべれたらいいなと思います。授業とかでいいので、Zoomで授業を進めたりしてほしい。あとは、今は多分無理やと思うけど、もう少し収まってきたら、部活の紹介映像を見たりしてみたいなと思います。

青木　恵梨香（中学3年生、公立中学校／東京都23区在住）

インタビューは4月24日に実施。最初の休校措置が決まったときは、中学2年生だった。趣味は読書やアニメで、外出自粛になる前は本屋さんに立ち寄るのが日課だった。本屋さんの匂いが好きで、かぐだけで心が安らぐという。インタビュー当時は、オンラインで行われている、本やイラスト関連のワークショップに参加しているとのことだった。

1日の過ごし方

最近、ほんとに目覚めが悪くて。昨日は、お昼近くの11時半ごろに起きて、それからご飯を食べて、オンラインで活動があったので、それに参加したあと自習して、夜ご飯を食べました。それが大体19時ごろだから、15時〜18時半ぐらいまで、オンラインでの集まりに参加していた感じです。そのあと、20時から1時間ぐらいランニングをしていました。ランニングから帰ってきて、歯磨きとかして、そのあと携帯をいじって、2時に寝ました。休校が始まって1週間後くらいから、ちょっと生活リズムが崩れてきた感覚があります。

ランニングは、休校になってから始めて、夕方とか夜に、毎日やっています。自分自身、ほんとに家でゆっくりできなくて。これは人にはあんまり言っていないんですけど、休校が始まって日が経たないうちに、ご飯を食べると気持ち悪くなるようになってしまって。今までそんなことはなかったので、これがストレスなのかっていうふうに思って、ランニングを始めて、少しでも外に出るようにしました。今はそういう症状はなくなって、普通に食べられるようになっているので、ちょっと改善されたのかなって思ってます。

オンラインでの活動は、楽しいです。楽しいですけど、家でやらなきゃいけないじゃないですか。家が汚いから、「どこを映そう?」みたいな。ほんとに毎回迷っています。

今一番夢中になっていること

好きなことはめちゃくちゃたくさんあるんですけど、一番は友達と話すことです。学校の友達もそうなんですけど、Twitterとかで、同じ趣味をもってる人たちといろんな話をしたりして。そこで仲がいい人が、キャス（動画配信サービス）をやってたりして、それを聞いてコメントしたりするのが、自分にとって大きなものなのかなって思っています。

でも、やっぱり会話はできていても、結局それって文字だけのもので、言葉を発していないので……。うちの学校、週1回、月曜日に任意登校があるんですけど、そのときに久しぶりに友達と会うときは、ほんとにもう、話したいことが山ほどあって。2時間ぐらいしゃべり続けたいです、実際にはできないけど。

登校日について

4月に入って緊急事態宣言が出てから、週1回の任意登校になりました。それまでは登校日が週2回あって、ほとんど義務っていいますか、ちゃんと来ましょうって感じでした。

課題とか連絡のプリントとかが封筒に入っていて、登校日に持って帰ります。自分で、何が出ているのかを確認しなきゃいけないので大変です。それが遅れると、「やっべ、これまだ全然やっていない、時間かかるやつじゃん」みたいになります。なったことがあります。

休校中の学習で困ったこと

やっぱり、わからない問題があったときに、学校にいるときとか、〈NPOが提供している〉オンラインでの学習支援を利用して勉強してるときとは違って、解決までに時間がかかってしまうので。オンラインで自習していてわからないっていうときは、カメラ機能とかですぐに伝えられるんですけど、オンラインがやっていないときに勉強してわかんないところがあったときは、結構置いておかなきゃいけなくて。早く解決したいって、思ったりはします。

学習へのモチベーション

休校になって、すっごく変わりました。やっぱり、やらなきゃとは思うんですけど、ほんとに手つかずで。週1回の登校なので、月曜日に間に合えばいいかって思って、だらだらしています。モチベーションを保つ工夫は……特にないですね。いや、はい、ほんとに。でも、オンラインで自習を入れなかったら、ほんとにだらけると思うので、日を決めているのが自分にとって一番いいのかなって。

休校になって残念だったこと、不安なこと

やっぱり、友達と会えないのが負担になってますし、気軽に外に出れないというのも。あと、勉強の遅れ。国語とか数学は、まだ3年生の教科書に入れていなかったり、2年生でまだやってないところが残っていたりっていうのがあって。結局、受験生ではあるので、そういう、学校で習えてないところがあるっていうのは、すごく不安に思っています。

休校になってうれしかったこと、よい変化

やっぱり、ランニングを始められたのは、自分にとってもいいことかなというふうに思っていて。夕方とか夜に走ると、風とかすごく気持ちよくてほんとに落ち着けるので、いいなって思っています。あとは、こういう休校になって、携帯を見る時間が増えて、そこから人とのつながりもすごく増えたので。それで知り合えた人たちもいるから、それは自分にとってすごくよかったたって思っています。

学校が再開したとき、学校や先生にお願いしたいこと

やっぱり、そうだな、勉強の遅れを取り戻していかなきゃいけないっていうので、学校側は絶対必死だと思うので、それに追いついていけるのかっていう不安はあって。3年生になったら、やっぱり1、2年生の復習とかも絶対しなきゃいけなくなるので。そういう自分自身でやらなきゃいけないこともある中で、学校側の追い上げモードについていけるのかっていうのは、すごく不安で。それに関してのサポートっていうか、学校側でもわかりやすく授業してほしいとは思います。

あとは、どうなんだろう、でも結局だらだらしているのは、自分自身の問題だって思っているので。人に頼ることも必要なのかもしれないですけど、極論、自分で解決するのがいいんじゃないかって思うので。特に、そこでサポートしてほしいっていうのはないです。

学校が再開したら、楽しみにしていること

友達としゃべりたいです。あとは、やっぱり、行事ものがどうなるのかっていうのはすごく思っていて。3年間の中で最後の行事になるので、ちょっとそこが不安です。修学旅行も、絶対予定は狂うだろうし、どこまでコロナが続いて、いつまでそういう学校での、なんか、いろいろなことができないのかがわからないので。でも、やっぱり行事はやりたいです。

加藤　結衣（中学3年生／東京都23区在住）

インタビューは4月28日に実施。最初の休校措置が決まったときは、中学2年生だった。今回のコロナ禍の中で両親は共に在宅勤務となり、両親の仕事についての理解も深まったという。また、休校となり、自宅で学習を進める中で、学校の存在の大きさにも気付いた。学校に行っていると、一定程度の時間、強制的にみんなで学習することになる。「やっぱり、学校がないとやる人とやらない人っていうのは絶対差が開くんだろうなって。だから、学校って結構大事なんだなって思いました」。

1日の過ごし方

朝は7時半に起きて、洗濯物を干す手伝いをして、朝ご飯を食べて、両親とも在宅勤務で9時から勤務なので、仕事や勉強をして、10時半ぐらいになったらきりがいいところで休憩して。そのあとは勉強するかぼけーっとしているかで、12時ぐらいに昼食。13時ぐらいから、また勉強。17時になったら、夕飯を食べたり、テレビを見たり。9時から17時の間は、親が勤務してるから、テレビはつけないようにしています。起きる時間はいつもより遅いんですけど、それ以外は、生活リズムが乱れている感じはないです。

学校からの課題

2月に最初の休校に入るときと、休校中に修了式で一度だけ登校したとき、それから休校が延長になったときに課題が出されました。その延長されたときに出された課題が結構多いです。追加で出されたときは、教科書がダンボールで自宅に送られてきて、そこに、課題やってねっていう連絡が入っていたのと、あと学校にOffice 365のシステムが入っているんですけど、そこのTeamsっていうのにも課題一覧みたいなものが連絡されてきました。あと、学校のホームページにも課題一覧が載っています。

Teamsにだけ載っているものもあります。Teamsで先生の投稿を見たら、「いいね」を押そうねっていう仕組みになっているんですけど、その「いいね」が全クラス160人くらいいるうちの100人ぐらいしかいなくて。先生たちも、Teamsを見ていない人がいるっていうのはわかるじゃないですか、「いいね」の数で。だから、見ていなさそうな人にちゃんと教えてあげてねって言ってるんですけど、改善されないんですよ。だから、やっぱりそこは（見ている人と見ていない人で）差が出ちゃうよなって。

自宅での学習

3月は課題が少なかったのでそんなに勉強していなかったんですけど、4月の頭になってちょっと家族で話して、親も在宅勤務になったから、みんなで勉強と仕事をしようってことになって学習時間が増えました。それと、課題が4月に入ってから結構な量を出されたっていうのも、学習時間が増えた理由としてあると思います。最初は自分でも何をどう勉強すればいいのかよくわからなくて。でも、学校から課題が出たから、理科とかもやるようになって、「あ、ここわかっていなかったんだ」っていうところもちゃんと気付けるようになったし。だから、課題を出してくれてよかったなって思います。やることが明確になったから。

あと、家族みんなでやろうねっていう雰囲気になっているからやるっていうのもある。やっぱり、家族で勉強しようっていう環境をつくり出せるのは、一緒に住んでいる家族だけであって、親とかがもし外に出ていて、兄と二人で勉強しようってなるかっていったら、絶対やらない。やらない自信がある。課題があるから頑張るかもしれないけど、一人だと集中しづらいかな。みんなが集中していると集中しやすいけど、一人だと気が散っちゃう。

オンライン授業

対話する形のオンライン授業はないです。録画したものが配信されるだけ。もし、録画の授業ばっかりになったら、さみしい。さみしいっていうか、なんていうんだろう、先生との対面でのコミュニケーションとか、友達との「ここ教えて」みたいなやりとりっていうのがないから、さみしいかな。友達とはLINEとかで休校中もやりとりしているけど、それは仲いい人としかしないから、LINEするほどでもない仲の人とはしゃべれないし、やっぱり対面でのコミュニケーションとは違う。LINEよりも対面の方が楽しいかな。

休校になって残念だったこと、不安なこと

残念だったことは、休校期間だから友達とかに会えないから、「あぁ、会えないんだ」と思ったり。あと、クラス替えもあるはずだったんですけど、それも学校に行っていないから発表もされなくて、この先どうなるかも全然わからない状態だっていうのと、あと5月に体育祭もあったんですけど、中止になっちゃって、それはすごくショックです。

今はもう、一刻も早く休みがなくなってほしい。最初のうちは、学校に行かなくていいんだって思ってすごくうれしかったんですけど、友達にも会えないし、学校に行けない、外にも出られないしっていうので、すごくほんとに嫌なんです、今は。一刻も早く終わってほしい、休校は。だけど、夏休みはまた別で、夏休みは外出もできるし、友達とも会えるし、部活もできるし。今回の休校のせいで夏休みがなくなっちゃうのは嫌だなって思います。休校でめっちゃ困ったってことはないけど、学校行きたい。学校行きたい、ほんとに。

休校になってうれしかったこと、よい変化

家での勉強で「あ、ここちょっと強化したい」みたいなところをできるっていうのはよかったなって思うし、学校があると何か新しいこと始めるってできないけど、今だからこそ新しいことを始められました。それはすごくよかったです。

森谷　修二（高校1年生、私立高校／東京都23区在住）

インタビューは4月23日に実施。最初の休校措置が決まったときは、中学3年生だった。将来の夢は、鉄道関係の職業に就くこと。今年度入学した高校にはまだ一度も登校できていないが、鉄道関係に力を入れている学校であり、関連する部活動もあるということで、学校生活を楽しみにしている。高校に入ったら、学校の勉強だけでなく、将来の夢に向けての勉強も頑張っていきたいと語ってくれた。

1日の過ごし方

朝起きるのが9時くらいですかね。そこから少し親と話したりテレビを見たりして、ちょっと経ったら、自分の時間としてゲームをやったりします。12時から13時くらいの間に昼ご飯を食べて、そのあと少し勉強してから、また友達とゲームをやったりします。17時ぐらいにはやめて、家の手伝いをしたりしてから、19時くらいに夕飯を食べて、そこから3時間くらい自由な時間があって、寝るのが23時、24時くらいです。

過ごし方について自分で決めていることは特にないですけど、17時くらいになったら、家でやることがあるので、自分のことをやめてそれを終わらせるって感じでいつもやっています。一番多いのは洗濯物たたみで、あとはちょっと料理を手伝ったりっていうのをたまにやる感じです。家の手伝いは、今回の休校とは関係なく、ずっとやっていました。

休校中の過ごし方について、家族からアドバイスとかは特にないですね。多分、ない。「自分で決めてください」って感じなんで。自分でスケジュールを決めて生活するっていうのは、元から得意だったわけではなくて、むしろ前はちょっと苦手だったかもしれないですけど、中学2年生とか3年生とかから、ちゃんとやらないと怒られるようになったので、ちゃんとやっています。

自宅での学習

今は主に中学校の復習ですかね。あと、ちょっとずつ高校の予習もやっている感じです。最初は学校から出た課題をやっていて。でも、課題が意外と少なかったので早めに終わらせることができて、「ちょっと復習でもやろうかな」って感じで、残っていたワークとかを自分でやり始めました。

高校に入ったら、みんなに遅れをとらないようにしたいので、着々と勉強していこうって感じで、目標をもってやっています。

休校になって残念だったこと、不安なこと

残念なことって言ったら、中学校がまだ1か月くらい残っていたので、それがなくなっちゃったのがさみしかったですね。友達と遊ぶ約束も結構あったので、この春休みとかに遊びたかったという気持ちもあります。

休校になってうれしかったこと、よい変化

自分はあんまり勉強する癖がなかったんですけど、自粛になって、最近はちょくちょく勉強できるように身についてきたので、それはよかったなと思って。あとは、もう中学校で友達と会うことはなくなったんですけど、ゲームとか電話とかを通じて、また会えることができたので、それもよかったなと。

学校が再開したとき、学校や先生にお願いしたいこと

私立の高校に入ってお金がすごくかかったので、その分自分でアルバイトをして、お金を稼ぎたいなと思って。アルバイトができるかどうかをちょっと聞いてみたいなと思っています。

阿部 美咲（高校2年生／東京都在住）

インタビューは4月23日に実施。最初の休校措置が決まったときは、高校1年生だった。すでに進学したい大学が決まっており、大学に入ったら一人暮らしをしたいと考えているそう。家族は緊急事態宣言後も出勤しているため、自分で昼ご飯を準備するなど、家事をする機会もある。母親とは「一人暮らしの練習になっていいんじゃない？」という話をしたという。学校が再開されたら、朝やお昼に友達と話すことが、一番楽しみとのこと。

1日の過ごし方

朝は大体8時から8時半の間に起きて、月曜から金曜までは、9時からオンライン授業があるので、その授業に参加します。11時半から13時までがお昼休みで、ご飯を食べて、13時からまた授業で、休みを挟みながら14時半まで。そのあとは、授業の復習に2時間くらい取りたいなって思っていて、16時半くらいまで続けて勉強するときもあれば、新しくギターを買ったのでギターの練習をしたり、休憩にYouTube見たりって感じで。17時くらいになったら、友達と電話したりしています。

オンライン授業

オンライン授業は、4月8日とか、普通に始業式くらいから始まりました。これまでは、オンライン授業を受けることもなかったし、自宅でパソコンやインターネットを使って勉強することもありませんでした。オンライン授業で使っているパソコンは、学校から支給されたっていうか、買って、元からあったものです。

授業はほとんどの先生がライブで配信してくれていて、ちゃんと説明してくれて、結構わかりやすいなって思っていて。なんならこのままオンラインでもいいんじゃないかなって思うくらいなんですけど、一部の先生は映像授業、例えば「NHK化学」みたいなものを配信していて。それよりは、ちゃんとライブで普通に授業やってくれた方がわかりやすいなっていうのは思ったりします。あと、「ここからここまで課題。はい、やっておいてね」みたいな科目もあります。

ライブの授業でも、友達と話したりする機会はなくて、こっちの声も聞こえないし、こっちの顔も見れない状態で、先生が一方的に話すっていう感じで。学年の人数が多いので、双方向で話したりするのは難しいっていう事情だったみたいです。でも、割と質問はしやすい環境なので助かっています。質問があったら、Google Classroom に、科目ごとに限定公開のコメントを先生に送るっていう感じですね。

オンライン授業後に、2時間くらい復習の時間を取っているんですけど、それは先生からそうするように言われたのもあるし、2週間くらいやってみて、私自身、問題演習とかをやるのに2時間くらい必要かなって思ったから。授業では一方的に説明されるだけなので。

学習へのモチベーション

オンラインで授業が始まる前は、ほんとに勉強が手につかないというか、解放された感が強くてまったく勉強しない日もあったし、勉強しても全然集中できないみたいなときもあったけど、授業が始まってからはちゃんとリズムがつくられていっています。

友達とのコミュニケーション

LINEのメッセージは毎日やりとりして、電話は週に1回くらい。学校についての不安とか、コロナのこととか、そういう暗い話はあんまりしません。あえてネガティブな話をする必要もないかなと思っています。

学校が再開したとき、学校や先生にお願いしたいこと

こういうフォローをしてほしいとかは、あんまりないですね。でも、もしこれからの授業でわからないことが出てきたら、もっと詳しく教えてほしいとか、ちゃんと聞けたらなとは思います。

新井　由紀（高校3年生、私立高校／東京都23区在住）

インタビューは4月23日に実施。最初の休校措置が決まったときは、高校2年生だった。ゲーム『ゼルダの伝説』とギターが大好きで、二つとも枕元からすぐに届く位置に置いてあるという。携帯電話の着信音も『ゼルダの伝説』。高校2年生の夏までは、都内にある中高一貫校に通っていたが、将来の夢である芸術方面に背中を押してくれる学校を求めて、今の通信制高校に編入した。放課後は、NPO法人が運営するユースセンターに通い、積極的に活動している。

1日の過ごし方

学校は通信制高校の通学コースですが、今、校内は完全にシャットアウト状態ですね。一応、月・水・金の週3コースで通っているので、週3回は朝10時からのホームルームに出席しなくてはいけなくて。そのときは、朝9時半に起きて、10時からのガイダンスに出席します。そのあと、12時にユースセンターのオンラインイベントがあるので、それに参加してから、お昼ご飯を食べて、夕方17時くらいまでお昼寝する感じで。夜ご飯を食べるために起きて、ゲーム。基本的に、昼夜逆転でずっとゲームをしています。次の日学校がなければ、ひどいときはもう本当に朝9時くらいまでゲームをしてたりとかして。次の日に学校があるときは、必ず1時とかには寝るようにして、睡眠をとるようにしています。

自宅での学習

学校からはもともと年間のレポートが出ているので、休校中の課題みたいなものは特になくて、そのレポートを休みの間もどんどん進める感じになっています。普段と休校中は、学校に行くか行かないかの違いだけで、こなしている課題の量とか、やっていることはあまり変わらないかなっていう。レポートについては、スマホから進捗度を見られるようになっていて、そこはしっかり管理されているので、特に何も言われないです。

学習へのモチベーションも、まったく変化ないですね。「やりなさい」という制限をあまりもらわないから、逆に「やらなきゃ」みたいな使命感が生まれている感じですね。学校を変える前と今では、今の方が勉強時間は増えたんじゃないかなっていうぐらいです。

休校になって残念だったこと、不安なこと

やっぱり高校3年生なので、進路についてはすごく心配ですね。普通の受験生だったら、多分ここで塾に行けないとかで心配すると思うんですけど、私の場合はAOと推薦で受けようとしていたので、推薦は大丈夫でしょうけど、AOがちょっとどうなるか心配。普通ならもう7月とか8月とかに始まってしまうので、その辺がどうなっちゃうのか。

でも、心配事は多分それくらいで、残念なことの方が実は多くて。卒業ライブとか卒業系のイベントが全部つぶれちゃったりして、卒業生をしっかり送り出せなかったのが、めちゃ

めちゃ悔しかったですね。あと、自分の高校生最後の3年生がどこまでつぶれちゃうのかなっていうのも、すごく不安になります。

休校になってうれしかったこと、よい変化

普通だったら4月から忙しくなっちゃう大学生とか、新しく入学した高校1年生とかの友達が、休校で時間ができたっていうので遊んでくれるのは、うれしかったりします。やっぱりみんなさみしくて友達といたいとかで、仲間が増えているのは結構うれしいですね。そういうコミュニティは確かに増えています。

うれしかったサポート

ユースセンターがオンラインでコンテンツを投稿してくれたりとか、しゃべる機会を与えてくれたりとかするのが、本当にありがたくて。学校でも「自分でやってください」じゃなくて、そういうイベントを設けてくれたりすると、休校中でも「やってよかったな」というものが生まれてくるんじゃないかと思います。普通の学校でも、やっぱり、体育祭とか文化祭とかでつながることって多かったんじゃないかな。それがつぶれるかもしれないって、今みんなすごく不安だと思うので、学校側から何か特殊なイベントを企画してくれると、後悔だけで終わらないで済むんじゃないかなって。

〔――後悔だけで終わらせないで、ポジティブに過ごそうと思うようになったきっかけは？〕

ユースセンターで毎年やっている春フェスの実行委員になったことですね。例年どおり参加するつもりで実行委員になったら、館長の方から今年は開催できないっていう話があったんです。そこで私たちは屁理屈をこねて、どうしても春フェスをやりたいって話をしたんですね。向かい合ってやるのがだめなら、背中を向けてライブすればいいんじゃないか、とか。それに付き合ってくれた館長とかスタッフが、もう本当に熱心な姿勢を見せていて。「悔しいのは私たちだけじゃないんだ」っていうのが、すごくうれしかったので。大人にできることってやっぱり限度があるから、子どもが自分で起こしてやったことなら、まだ大人は許してくれるかなと思って、自分で動くようになったのが始まりかなと思います。

これから取り組みたいこと

そういう出会いをつくってくれた、このセンターのことを広めるのが、私の今年の目標ですね。小学校とか、ほかのユースセンターとかに行って、このセンターの魅力を伝えられるのが一番いいかな。来週あたりに、広報の人とお話しすることになっています。

戸田山　まりか（高校3年生、私立中高一貫校／東京都23区在住）

インタビューは4月23日に実施。最初の休校措置が決まったときは、高校2年生だった。もともと外に遊びに出かけることが多く、3月初旬ごろまで「いつもよりは気をつけるくらいで、普通に遊びに出かけてました」。それが変わったきっかけは、タレントの志村けんさんが新型コロナウイルス感染症で亡くなったというニュース。「マジ怖いかもって思って、今はめっちゃ引きこもってます」とのこと。

1日の過ごし方

月曜から金曜までは朝の8時に起きて、9時から12時までずっと友達と電話をつなぎながら勉強して、12時から13時くらいまではユースセンターのオンラインイベントに参加します。お昼ご飯を食べて、そのあとはヤマちゃん（ユースセンターのスタッフ（仮名））が勉強を教えてくれるイベントを開いてくれたときは勉強するし、なければ映画見たりドラマ見たりして夕方になってて。今、仕事でお母さんとか家にいないから、私がご飯作ったり食器洗ったりとかしているんですけど、それでご飯を食べて、お風呂に入って、夜ドラマか映画の続きを見たら、気付いたら1時くらいになっていて、そのくらいに寝ています。

休校前からの変化

学校に行っているときより、ちゃんと勉強しているなって。学校から送られてきた課題と、今年度授業がないけど受験に使う科目を、ヤマちゃんに教えてもらっています。授業を聞いている時間っていう意味だったら、学校があるときの方が長いんですけど、頭を使って考えているのは、今が一番長いと思います。学校では、この先生の授業は合う、合わないっていうのがあるけど、今だったら、自分のペースに合わせて教えてもらっているから、「ああ、わかりやすいな」みたいな。勉強するときのモチベーションは、ただヤマちゃんが来るっていうことだけです。一人だったら絶対やらないです、本気で。

朝、友達と勉強しているのもそうです。休校になった最初とかは、夕方とかに起きていたんですね、昼夜逆転して。でも、友達から「電話して起こしてあげるから、朝、勉強しよう」とか言われて、「いいよ」みたいな。そしたら、マジで起こしてくれて、一緒に勉強しています。そういう話になったのは、3月半ばくらいの、ゴールデンウィークまで休校延長になるかもってあたり。それまでは、「まぁ、休みも秒で終わるでしょう」みたいに思っていたんですけど。やり方としては、LINEで電話をつないで、最初に勉強する内容を決めて、それを12時まで。お互い勉強しているから沈黙の時間も多いけど、なんか電話切らないでやってます。「今、現代文読んでるからうるさい」って言われて、ミュートにされたりもする（笑）。二人とも全然勉強するタイプじゃないのに、「勉強しよう」みたいになるとは思ってなかったです。

学校とのやりとり

学校からiPadを支給されているので、最初はClassiで課題が送られてきたんですけど、みんな知らないふりしてやらなかったから、ゆうパックで送られてくるようになりました。

休校前は、一部の先生だけがClassiを使っていたんです。でも、この休校になって、学年のほかの先生もよくメッセージ機能を使っています。先生からメッセージが来るのは、恐怖ですね。なんか、「お勉強しなさいよ」とか「課題出てないですよ」とか、監視されているみたいで。全体宛てだったら、まだ「あ、課題出さなきゃ、やっべやっべ」みたいになるんですけど、個人宛てでめっちゃ来るんで、「怖いな」みたいな(笑)。

質問があるときも、Classiのメッセージ機能を使いなさいって言われています。あとは、MetaMoji ClassRoomのノートみたいなアプリもあるんです。それを先生たちと共有しているから、質問を書いておけば解説を書いてくれたり。でも、周りのみんな、使ってないです。

(――それはなぜですか?) 別に、多分、先生と連絡とりたくないんじゃないですか。

ストレス、不安なこと、残念なこと

私、こんなに家にいることないんです、めったに。基本、どこかに出ていて。だから、ずっと家にいるのって、なんかしんどいなって。このコロナの間にちょっと参考書が欲しくって、でもネットで買うのが嫌で、本屋さんに行ったんですね。そしたら、おじさんとかおばさんにめっちゃ白い目で見られるし、おじさんには「なんで外に出てるのよ！」って文句言われて怒られて、「ああ、怖いな、世間」みたいな思いをしました。
あと、残念だったことでいうと、体育祭がなくなっちゃって。めっちゃ楽しみにしていたんですけど、1年間のスケジュールが郵送で課題と一緒に送られてきたとき、どこにもなかったんです。それで「あ、なくなったな」みたいな。

休校がさらに長引いたときに心配なこと

私の学力の低下と、受験はどうなるのかなって感じです。多分、学校にいるときよりは、ちゃんと勉強しているんですけど、でもやっぱり、好きな科目しかできなくて。化学とか古典とかしかできなくて、英語は一切手をつけてないんです。これは学力低下するなっていうのはわかっているんですけど、嫌なんです。
受験に関しては、学校から、自分の志望大学のホームページを確認しておきなさいっていうのは言われます。ストレスには全然ならないんですけど、どうなるんだろうな、みたいな。

休校になってうれしかったこと、よい変化

休校になってよかったのは、ちゃんと自分から勉強してることですかね。このまま朝起きる習慣を続けて、友達とかヤマちゃんとかと勉強するのを続けられたらいいなって思います。

のとき」まとめ　　Bad

▶新しい学校や先生、友人との関係に関する不安
特に新中学1年生に顕著

> あさひ（中3女子）　2020/4/21
> お父さんもお母さんもテレワークになっていなくて、ちょっと怖い。家で仕事ができたらいいのにと思うけど、でも働かないと暮らしもあれだから…
> 1　2　12

▶学校からの連絡は、課題についての連絡が主で、健康状態や学習状況に関するフォローアップは少なかった

> あさひ（中3女子）　2020/4/21
> 妹とずっと一緒にいるとけんかしちゃうし、ちょっとストレス感じる
> 1　2　12

▶「外部の動画コンテンツを配信するだけの授業ならやらなくてもいいのでは」「先生や友達とのコミュニケーションや教え合いがなくなったらさみしい」といった声があるように、学習コンテンツを用意するだけでは、学習へのモチベーションに必ずしもつながらないようだ

▶自宅学習では、わからない部分について質問がしづらく（新しい先生との関係性ができていないときにはなおさら）解決までに時間がかかる

学習面での不安を

▶中学3年生・高校3年生で、受験に関する不安（どのように実施されるのか、学習の遅れは取り戻せるか）を訴える声が多数

ついた（維持でき

> マサキ（中1男子）　2020/4/21
> 休校になって運動する時間が減ったから、体力がすごく落ちてる気がする…この前少し散歩しただけなのに筋肉痛になって、体力落ちたなって実感した。給食がないから栄養面も心配
> 1　2　12

動するようになったという例も

▶学校再開への不安（乱れてしまった生活リズムを戻せるか、早くなるであろう学習のスピードについていけるか）

Good

中高生の「そ

☆ MIKU ☆
（中１女子）　2020/4/21
学校が時間割を組んでくれたから、毎日そのとおりに自宅学習してる
1　2　12

▶ SNS やオンラインサービスの利用が増えたことによって、新たなつながりが生まれた

▶調査対象者全員に学校からなんらかの課題が出されていた（生活リズムや学習習慣の維持にポジティブな影響を与えた様子）

マサキ
（中１男子）　2020/4/21
Switch 買ってもらってうれしい！
Switch のおかげで、生活リズムを維持したり、勉強したりするモチベーションが保てていると思う
1　2　12

▶学習へのモチベーションの維持には、学校から課題が出されたことのほか、身近に学習に寄り添ってくれる人（友人・家族・支援者）がいたり、将来の目標（進路希望や資格等の取得などの目標）が明確であったりすることが、よい影響を与えているようだ

☆ MIKU ☆
（中１女子）　2020/4/21
人生ではじめての制服楽しみすぎる！楽しみすぎて、何回か朝に着ちゃったこともある！早く制服着て学校に行きたいな
1　2　12

▶学習の遅れや、前の学年での未履修部分など、
感じるという声が多数
そうした危機感から、むしろ自宅学習の習慣が
た）という例も

▶運動不足を心配する声
危機感から、むしろ意識的に運

▶休校によって時間ができたことで、家事の手伝いをしたり、新しい趣味に挑戦した中高生も多いようだ

表 12　保護者調査の概要

調査目的

新型コロナウイルス感染拡大による臨時休校措置下における、①就業形態ないし働き方の変化、②子の生活および学習（の変化）に関する認識、③子に対する生活面・学習面のサポートの実態、④保護者および子への学校・社会からのサポートに関する認識を把握すること。

調査時期

2020 年 6 月 25 日～7 月 8 日

調査方法

ビデオ会議システム（Zoom）を用いたインタビュー（60 分程度）

調査対象

小学生から高校生までの子をもつ保護者 3 名

仮名	子の学年	居住地
櫻井 詠美	小学 6 年（公立）男子	埼玉県
松本 久美子	小学 6 年（公立）男子 小学 3 年（公立）女子 小学 3 年（公立）女子	千葉県
小野寺 恵子	高校 3 年（私立）男子 中学 3 年（公立）男子 小学校高学年（公立）女子	東京都 23 区

保護者へのインタビュー調査から

保護者調査では、小学生から高校生までの子をもつ保護者3名に、60分程度のインタビューを行った（表12参照）。

休校中、子どもに最も身近に寄り添っていたと考えられる保護者は、どのように「そのとき」に向き合い、子どもの生活や学びを支えようとしていたのだろうか。3名の保護者の声から、今回の休校措置が学校・家庭・社会の全体に対して与えたインパクトが改めて浮かび上がってきた。

なお、以下で示す調査対象者の氏名はすべて仮名、［　］は引用者による補足である。

櫻井　詠美（小学6年生男子・公立小学校／埼玉県在住）

インタビューは6月25日に実施。休校中に、自身のキャリアにも変化があった。フルタイムで大学職員として働いていたが、3月に退職。以降は、在宅で高校生の志望理由書を添削する仕事をしている。

櫻井さんが居住する市では、学年のはじめに保護者のメールアドレスを登録し、校長や学校からお知らせがある場合、そのメールアドレス宛てにメールが配信される仕組みになっているという。以下は、学校から今回の休校措置に関して配信されたメールの一覧である。

【メールの配信日と内容】
2月28日　臨時休校のお知らせ（春休みまでを想定している内容）
3月3日　通知表の受け取りについて
3月10日　学校のホームページに諸連絡が掲載される旨の連絡
3月13日　先生から子どもたちへのメッセージ
4月3日　休校延長のお知らせ（5月10日までを想定している内容）
4月7日　学習支援サイトについて（以降、授業動画が配信される）

4月28日　休校再延長のお知らせ（5月31日までを想定した内容）
5月8日　児童のスマートフォン所有状況に関する調査アンケート
5月13日　タブレット端末の貸出について
5月22日　学校再開のお知らせ（6月1日から分散登校）
6月12日　分散登校終了のお知らせ（6月16日から通常登校）

最初の休校

最初に休校になったときは、旦那も私も在宅勤務ではなかったんですけど、私はそのときの勤務先の大学から「（休校措置にともなって）子どもの対応がある場合には、休んでもいいですよ」みたいな指示が出たので、あんまり無理していなかったっていう。大学がきちんとそういう制度をつくってくださったから動けたっていう部分はあったと思うんですよね。

（――お子さんの様子は？）やっぱり、ニュースが先にあって大変だっていうことはわかっていたから、学校が休みになるっていうのは理解できていたと思うんですけれども、本当にこれだけ長期化して、外で遊べないとか学校の校庭に入ってはいけないとか、そこまでできなくなるっていうことはまだ想定してないから。それがそのあと、どんどんストレスになっていくっていう感じでしたよね。あと、友達に会えないっていうのも、やっぱり本人としては言葉に出さないとしても、徐々にストレスになってきているっていうのが初期の段階で。

でも、ある時期からは諦めてきたっていうか。散歩で学校の周りを歩いていて、最初は「入りたい」みたいなことを言うんですけど、「いや、入っちゃだめだから」って（笑）。でも、少し時間が経ってくると、それも言わなくなってきた。3月とか4月の方が、「なぜ学校が始まらないんだ」みたいなところが大きかったかもしれないですね。

学校とのやりとり

春休み中はあまりお知らせとかはなかったんですが、4月になってから、学校でもそういう、体制というか、整ってきたのかなっていう気はしましたね。うちでは、「先生方、すごくやってくださっているな」と感じていました。電話もありましたし、先生が家庭訪問をして、課題のセットを持って来る。今回の休校は、学年が替わるタイミングだったっていうこともあって、新しい先生とのコミュニケーションをどうやっていくかっていう難しさもあったんじゃないかと思います。でも、うちの場合は電話や家庭訪問もあったし、先生方が動画を作られてYouTubeにアップされて、それをもとに課題をやってくださいっていう。そういうところからすると、学校側はすごく一生懸命されていたんじゃないかなって。

働き方の変化と子どもとの関わり

旦那の方は4月に入ってテレワークが始まったんですけど、とはいっても、結局自室でテレビ会議みたいなのが多かったので、子どもの勉強を見るっていうのはあまりないですよね。どちらかというと、私が主体で子どもの相手をするっていう感じかな。多分、私が3月に退職して家にいるようになったっていうこともあると思うんですけれども、家でやること、家事とかも増えて、「えー」って感じでした。ネガティブな方が大きかったんじゃないかな。3食作ることが本当に苦痛で仕方なかったです。やっぱり外食に行けない、制限された中でお買い物もしなきゃいけない、毎食作らなきゃいけないっていうのがまぁまぁ負担だったかな。

子どもとの関わりで難しさを感じたこと

YouTubeとかで、子ども向けの動画配信とかがいろいろあったんです。ああいうのって、コメントを打ち込めるじゃないですか。やっぱり、ITリテラシーみたいなものを学ばないで、ああいうのがドーンって来ちゃったから、そこが心配。人を傷つけるかもしれないっていう部分もあるので、今後そういう学びをした方がいいんじゃないかなって思いました。

一番大変だった時期

振り返ってみると、休校延長のお知らせが来た瞬間は「やっぱりまだ行けないんだ」って感じで、この単調な課題をやっていかなきゃいけないんだっていうのが一番辛かったかな。

学校からの課題も、単調っていったら単調なんですよね。プリントの裏面に答えが書いてあったりして。それは、おうちで丸つけしてくださいっていう先生からのメッセージなんですけれども。そのときはそのときで一生懸命生活していたんだと思うんですけど、子ども自ら「こうしよう」っていうのはなかったし、ストレスがかかっているところに「あれも、これも」みたいなことは、こっちもなかなか言いづらい部分があったかもしれないです。

欲しかったサポート

どうだろう、うちの学校では双方向の配信っていうのはなかったんです。新学期になって、6年生の新しいお友達や先生とコミュニケーションをとれる機会があったら、課題の進み具合とかそういったところの励みになるのかなとは思いました。

あと、私の妹は東京都に住んでいるんですけど、妹の地域の場合は校庭で遊んでいいと言っていて。「そうか、そういうところもあるんだね」って。だから、校庭だけでも開放してくれたら助かるのにっていうのもあったかな。とはいえ、そこで感染しないとも限らないから、なかなか厳しいとは思うんですけど。

子どもの学びを支えるために

子どもの学びを支えるには、子どもも支えなきゃいけないだろうし、親も支えないと。親がちゃんと支えられていないと、子どもに影響してきちゃうっていうところがあるかもしれないですよね。そのときどきで、子どもに対する悩みがあると思うんですよ。どうしても、お休みの間、ほぼほぼ外と接触しない期間があったので、やっぱりその対応を学校の先生だったり、学校外だったりでもいいと思うんですけど、できるといいかな。親に心の拠りどころができると、子どもへの接し方も、もしかしたらちょっと変わるのかなって思いました。

学校や社会の一連の動きに対して思うこと

子どもの教育っていっても、いろいろな情報がありすぎちゃって、それぞれがすごいことをやっているんだけれども取捨選択できなかったり。だから、本当は、もうちょっとそういうところと県や市の教育委員会とかがタッグを組んだり、地域と連携したりしたら、学校の先生たちも楽になる部分があるんじゃないかなって思います。

学校に期待すること

やっぱり、結構先々の行事まで中止が決定しているんですよね。しょうがないんですけど。小学校っていろんなタイミングで子どもが力を発揮したりとか、みんなで力を合わせて何かをするっていう部分もあったりするから、そういった機会を学校でどういうふうにつくるかっていうのは課題としてあるのかもしれないですね。

松本　久美子（小学6年生男子・公立小学校、小学3年生女子（双子）・公立小学校／千葉県在住）

インタビューは6月28日に実施。自身はフルタイムの正職員で、比較的残業が多い仕事のため、平日はあまり子どもと関われないという。一方、夫はもともと在宅勤務で、今回の休校中も、特に前半は家事や子どものケアを主に担っていたそうだ。

最初の休校（2月末～3月中）

2月28日になって臨時休校のメールが来まして、そこで「来週から休校です」というふうに急に決まったという形になります。働いている親同士では、その少し前から、「子どもが学校に行かなくなっちゃったら、どうしようか」という話が出ていました。「こういう状況だったら、学童も絶対にやらないだろうし、親は仕事できないね」という、そういう話しかしていなかった気がします。子どもの学業がどうだとか、そういうところはあまり心になかったというか。実際、3月中は忙しかったので、そんな状況になっても終電ぐらいで帰ることが結構ありました。

2月28日に帰ってきたときは、特に課題もなく、とにかく休みだという情報以外は入ってこなかったんですけど、次の週にメールがあって「担任の先生が家庭訪問をします」と。でも、そんなに余裕もなかったようで、子どもたちの担任のうちの一人が、3人分の家庭訪問をするみたいな感じでした。内容としては、プリントを持って来てくれて、子どもたちに「元気？」と声をかけてという、そういう家庭訪問が3月中に2回ありました。

子どもは特に不満もなく、楽しい日々を送っていたみたいです。夫が、子どもたちに自分で時間割を作らせて、午前中だけ勉強させていたみたいですね。さすがに、夫も仕事があるので、午後は付き合えなくてフリーの時間だったようですが。友達とは会えないんですけれども、3人子どもがいると3人の中で結構遊べてしまって、社会的に孤立したという感じもなく、割とにぎやかに過ごしていたかなと思います。

休校の延長（4月中）

当初「4月7日から学校を再開します」という連絡が来ていたので、私も夫もこれで学校に戻るのかなと思っていたんです。おそらく学校もそれで準備をしていたと思うんですけれども、緊急事態宣言が発令されてしまったので、始業式に行って、その日に「また明日から休校です」と言われて帰ってきたという形でした。

4月に入って、私の職場でも在宅勤務を取り入れようという話になり、4月中旬ぐらいから1日おきに在宅勤務と出勤が交互になったので、4月後半は比較的家にいて子どもを見ることができるようになりました。夫が3月からやっていた、自分で時間割を作るというのも、もう少し長く午後まで作ってもらうようにしました。でも、子どもたちもそんなに真面目にやらなくなってくるというか。最初は楽しくやっていたところもあると思うんですが、少し気持ちもダレてきていて、そんなにしっかりはやっていなかったかなという感じです。

休校の再延長（5月中）と学校再開以降（6月〜）

ゴールデンウィーク明けに、やっぱりメールが来て、「臨時休校を5月31日まで延長します」という連絡があり、それと合わせて「週1回の登校日を設けます」という話がありました。その登校日が実際に始まったのは、5月の下旬ぐらいからだったかなと思います。

学校が再開しても子どもは基本的にあまり変わらない感じなんですけれど、上のお兄ちゃんが、やっぱり4月、5月でだいぶ生活が少し乱れてきた部分があって、登校するようになってもまだ直らないんです。今までだったら、7時までには一応起きていたんですけれど、最近は7時過ぎてもちょっと起きてこないという。それでも、ギリギリ学校には間に合ってしまっていて、生活が少し乱れたまま定着しつつあるというところがあります。

夫との役割分担

そこは本当に夫に申し訳ない状況でした。子どもがいるところでの在宅勤務は、事実上不可能なんですよね。時間割を作ってやっていたときは、子どもたちが「お父さん、これはどうしたらいいの?」と聞きに来ちゃって、仕事にならないみたいなんです。なので、午後はフリーに遊ばせておいて、その間に仕事をしていたみたいなんですけど、それでも間に合わないので、夜中に仕事するという状況になって。しかも、私がなかなか帰ってこられないので、本当にワンオペで、ご飯を食べさせたり次の日の準備をさせたり。3月は夫が目に見えて疲れ切っていくのがわかりまして、私もこれは本当にやばいな、と。4月になって、私も少し早く帰れたり、半分在宅勤務ができたりして、夫の体力が少し回復できたくらいですね。夫はあまり泣きつかないタイプの性格なので、「こうしてくれ」「ああしてくれ」というのはなかったんですけれど、なんとかしないといけないみたいな、そんな状況でした。

一番大変だった時期

親的に大変だったのは、今お話しした3月の時期ですが、子どもにとってケアが必要だと思ったのは、4月の終わりぐらいから5月とかですね。ちょっと親がいるぐらいではなかなか修正が利かないぐらい、気持ちの整いがなくなってくるというか、集団生活でやってきたリズムがほぼなくなってくる時期だったので、そろそろ子どもを親だけで見るというのは、本当に大変だなというのを、実感としてもっていました。

欲しかったサポート

子どもの生活のリズムを家庭だけで保つというのは、なかなか厳しいところがあります。

うちでは子どもをそろばん塾に通わせていまして、その塾が5月からZoomでの授業を取り入れていたんですね。そのときは、子どもたちも結構しっかりトレーニングをしていて。「こういう動画を配信しているからどうぞ」だと難しいんですけれど、Zoomみたいに先生が語りかけてくれると、自分たちがそこで発言するわけではなくても、ちゃんと向き合ってやっているんですよね。そういう働きかけがあると全然違うな、というふうに思いました。

学校的にはなかなか難しかったかもしれないんですけれど、授業でなくても、例えば朝の会とか帰りの会とかだけでもZoomでやるというのがあると、生活のメリハリというか、そういう部分がだいぶ違うかなという気はしまして、そのそろばん塾には感謝しました。

学校や社会の一連の動きに対して思うこと

これからもしばらくコロナがある中で、6年生とか3年生とかで本来やらなければいけないことが、どういうふうにできるのかというところは、やっぱり気になります。学校の先生ともそんなにコミュニケーションがあったわけではないですけれども。今までは懇談会や三者面談みたいなものがあったんです。でも、今は学校の方もそういう余裕はなさそうかなと思っていて。学校現場が大変らしいという噂は聞こえてきているので、子どもにとって必要な教育がきちんとなされるのかというのは、心配かなと思います。

小野寺　恵子（高校3年生男子・私立高校、中学3年生男子・公立中学校、小学校高学年女子・公立小学校／東京都23区在住）

インタビューは7月8日に実施。自身はフルタイムの正職員で、勤務先は都外にある。3月は自身も夫も出勤しており、子ども3人だけで過ごしていた。ただし、夫の勤務地は自宅近くのため、お昼に一時帰宅して、一緒にご飯を食べてもらったりはしていたとのこと。自身の勤務先では、3月中から在宅勤務が認められていたが、仕事が忙しく出勤していた。夫婦とも、在宅勤務に完全に移行したのは4月以降のことだという。

高校3年生男子、中学3年生男子、小学校高学年女子の3人のお子さんをもつ、小野寺さん。今回のインタビュー後に、それぞれのお子さんが通う学校と、区の教育委員会からの連絡メールの一覧を作成・共有していただいたが、お子さんが3人ともなると、毎日のようになんらかの連絡を受け取っていたことがわかった。2月21日から7月17日までの間で計89通ものメールを受信していたのである。この間、家庭ではどのように対応していたのか。休校措置中の日々を、改めて振り返っていただいた。

最初の休校（2月末〜3月中）

一番上の子が通っているのは都心にある私立高校なんですが、電車通学の子が多くて危ないからか、もう2月の終わりには休校になっていました。期末試験も中止になって、それも自宅受験という形で、テスト用紙が郵送されてくるという感じ。3月中は、1回、2回ぐらい課題が送付されてきましたが、量は少なかったです。

中学生と小学生も、ほぼ登校日はなかったですね。終業式はあるけれども、週に1回登校するぐらいでほかは行かない、みたいな。中学生には、課題とかも特にないままでした。3月いっぱいは、学校からはまったく手当てがありませんでした。

なので、高校生も中学生も受験生になるということをふまえ、そろそろ塾に行かせないとまずいと思い、3月のまだ人の行き来ができそうなころに、二人ともそれぞれ別の塾に登録したんですよ。それがよかったかな、と。学校の授業とか手当てはまったくなかったけれども、塾の課題だったり授業だったりで、なんとかまかなっていた感じです。

休校の延長（4月中）

4月には学校が再開するかなと思ったら、高校は「生徒の安全を第一に考えて休校延長」という話になり、4月も一切登校はなしになりました。追加の課題が2週間に1回ぐらい、郵送ではなくて、ホームページで公開されるようになりました。

中学も、始業式はありましたけれども、そのあとはまったく。当初、学校は週1回の登校日を予定していたようですが、結局4月中は始業式プラス1回ぐらいしか実現しませんでした。課題は出されましたが、そんなに量は多くなく。あと、区のホームページで学校ごとに課題が掲載されていたのを、だいぶあとから気付いて、慌ててそれをやるというような形で、4月は終わっていきました。

うちの区は、学校からの連絡に一斉配信メールを使っていて。なので、中学校と小学校からは、定期的に連絡が来ます。ただ、課題の細かい内容が来るわけではなく、都度「ホームページを見てください」という。ですので、見ている人はやるし、見ていない人はやらないという状況ですね。しかも、区のホームページが使いづらかったんですよね。夫が「こんな大きな動画データをどうやってダウンロードするんだろう」と話していたのを記憶しています。

休校の再延長（5月中）と学校再開以降（6月〜）

今メールをさかのぼってみたら、5月8日に区から「インターネットを活用した学習支援のためにスマートフォンやタブレット等機器がない家庭には貸し出します」という連絡が来ていますね。なので、その前には、5月いっぱい休校だというのが決まっていたんだと思います。

ゴールデンウィークが明けてから、小学校も中学校もZoomで、なんて言ったらいいんでしょう、ちょっと様子うかがいみたいなものが始まりました。高校の方は、授業は完全になく、学校が始まったのは6月からですね。ただ、高校の方は、オンライン授業へのハードルが一つ高い感じだった記憶があります。結局、高校は連休明けに休校延長の連絡があり、そのあと「Google Classroomを利用します」と言っていたけれども、実際に始めたのは5月の終わりで、もう分散登校という時期だったので、あまり意味がなかったです。

現在は通常登校に戻って、段階的に授業数も増えていて、一番上は給食がないのでお弁当ですけれども、小・中学生は給食もちゃんと出てきてというありがたい状況でして。最初のころは、子どもも疲れたのか、本当に帰って何もする気が起きない、昼寝しちゃうみたいな状況だったんですけれど、だいぶ慣れてきたのでいいかなと思っています。

〔――学校に何かお願いしたいことはありますか?〕私は、特には。夫は、「オンライン授業を継続してくれればいいのに」と言っていました。

休校中を通じての子どもとの関わり

勉強面も気にはなるけれども、基本的に夫が4月以降は家にいるので、わからない問題とかがあったら、お父さんに聞きに行くというような状況ができていて。会議中じゃない限りは、中断して対応していたので、そこは大丈夫かな。

ただ、イライラとか、そういう部分。高校生の子が、部活中心の生活だったのに外で体を動かせないという状況に対して、めちゃめちゃいら立っていたのは覚えています。サッカー部なので、ボールを蹴りたいと。彼はいろいろ探して、遠くの公園まで妹や弟を連れて行って、遊んでいたりもしたんですけれども。残念ながら、だんだん公園が使えなくなっていく状況で。「動きたいんだ」と騒いでいたけれども、それでもすごく荒れるっていう感じではなかったです。かわいらしい荒れ具合ですね、みたいな。そういうイライラを、家族みんなでゲームをして発散していた感じでしょうか。それで、ついつい大きな声で騒いでしまう。そういう意味で、ご近所への騒音みたいなところは、神経を使いました。

休校中、大変だったこと

それが、あまり思い出せないというのは、なんか平和だったんだなという感じですよね。お昼ご飯を何にするかというのだけは、非常に悩ましいところでしたけれども。子どもがもっと小さかったらカオスだったと思いますが、ある程度大きかったのと、ＩＴ機器を一人に一つ用意できたのがよかったのかもしれません。

あと、勉強面でいうと、塾に入れておいてよかったなというところはありました。すごく心配というわけではなかったものの、やっぱりどちらも受験生なので、今後どうするんだろうという心配はありました。受験のタイミングは変わらないのかとか、ほかの高校は進んでいるのかどうかとか、そういう部分は心配していました。

学校に期待すること

今思えば、もう少しオンライン授業とかを早めにやってくれてもよかったんじゃないの、という気はしているんですけれども。でも、多分そもそも機器をみんなが持っているのかとか、先生方の習熟とかいう部分もあったりしますし。おそらく、こんなに長丁場になるとは誰も思っていなかったと思うので、しょうがないのかなという気はしています。第2波、第3波と出てくると思うことを考えると、やっぱりこの機会に、家でもきちんと勉強させられるような状況というのは、ちょっと継続してやっておいてもらいたいなとは思っています。

保護者の「そのとき」まとめ

▶共働き家庭においては、在宅勤務が可能であったか否かによって、子どもの生活面や学習面でのケアの役割分担に大きな影響が出た
在宅勤務が可能である方に負担が集中しがちであり、いずれも在宅勤務ができないという場合には、子どものケア自体が困難になる

▶学校や教育委員会から保護者に対して、頻繁に連絡がなされていた一方で、必要な情報に気付くのが遅れたという声も

▶休校中の子どもの様子については、学習面の遅れよりも、生活習慣の乱れや外出自粛によるストレスを懸念

▶塾や動画サイトなど外部からのサポートを上手く活用している様子がうかがえた
一方で、サポートに関する情報が多すぎてかえってアクセスしにくいとの声も

▶休校と外出自粛によって、ほかの家庭や子どもの様子が見えにくくなり、保護者同士の情報共有がきわめて困難になっていた（各家庭が孤立しがちな状況が生まれた）様子がうかがえる

3 支援者

子どもの生活や学びを支えているのは、当然のことながら、学校や家庭だけではない。特に、今回のように学校が「とまって」しまったとき、学校にできることには限界があり、家庭には大きすぎる期待と負担がのしかかる。そうした中で、子どもの生活や学びを支援する社会的なアクターの存在は、より重要性を増すだろう。以下では、支援者へのインタビュー調査の結果から、支援者の「そのとき」を描き出してみたい。

なお、今回の調査では、東京都23区に活動拠点を置き、家庭環境や背景に困難を抱える子どもの支援に携わるNPO法人スタッフ5名にインタビューを行った。休校措置と外出自粛によって自宅で過ごす子どもの様子が見えにくくなる中、支援者たちは「そのとき」をどう見つめ、どう動いたのか。

詳細な調査概要は表13を、調査対象者が関わる支援事業の概要については表14をご参照いただきたい。なお、調査対象者の氏名はすべて仮名とし、発言は基本的にインタビュー時の言葉遣いのまま引用している。また〔 〕は引用者による補足である。

表 13　支援者調査の概要

調査目的

新型コロナウイルス感染拡大による臨時休校措置下における、①家庭環境や背景に困難を抱える子どもたちおよびその保護者の生活状況、②具体的な支援の内容、③支援事業および社会動向に関する支援者の課題認識を把握すること。

調査時期

2020 年 5 月 12 日～5 月 14 日

調査方法

ビデオ会議システム（Zoom）を用いたインタビュー（60 分程度）

調査対象

子どもの学習および居場所支援を展開する NPO 法人のスタッフのうち、特に家庭環境や背景に困難を抱える子どもたちの支援に関わるスタッフ 5 名

仮名	担当する業務
二宮 貴之	家庭環境や背景に困難を抱える子どもたちを対象とした支援事業の統括
齋藤 涼子	拠点責任者
藤井 真弓	拠点スタッフ 居場所支援を担当
相田 智	拠点責任者の補佐 学習支援（授業開発）、学生スタッフの採用（広報を含む）およびマネジメントを担当
長谷川 和也	拠点スタッフ 不登校支援責任者、困窮世帯の子どもを対象とした学習支援も担当

コロナ禍における支援――変わらないこと、変わったこと――

今回の休校措置において多くの人が懸念したのは、学校が「とまって」しまうことによって、子どもたちの学びまでもがとまってしまうのではないかということだっただろう。筆者たちもこうした懸念を共有し、「学びを支えるプロジェクト」を立ち上げたわけである。だが、家庭環境や背景に困難を抱える子どもへの支援事業を統括する二宮さんは、コロナ禍における支援の生命線を別のところに見出していた。

二宮さん　どうしても学校が休校することによって、学びがとまってしまうということが取り沙汰されていて、それはここの子どもたちもそうです。ただ、あまり注目されていないんですけれども、学校の機能は教育機能だけではない。福祉機能が非常に大きかったと思っていて。家庭がなかなか居場所にならない子どもたちにとっては、学校が居場所になっていたということもありますし、第三の大人である先生方とのつながりが非常に大事であった子どもたちもいます。もう一つ、給食も福祉機能としては非常に重要で、休校になったことによって、そこがなくなってしまうということが、我々の事業にとっては非常に生命線でした。

表14　調査対象者が関わる支援事業の概要

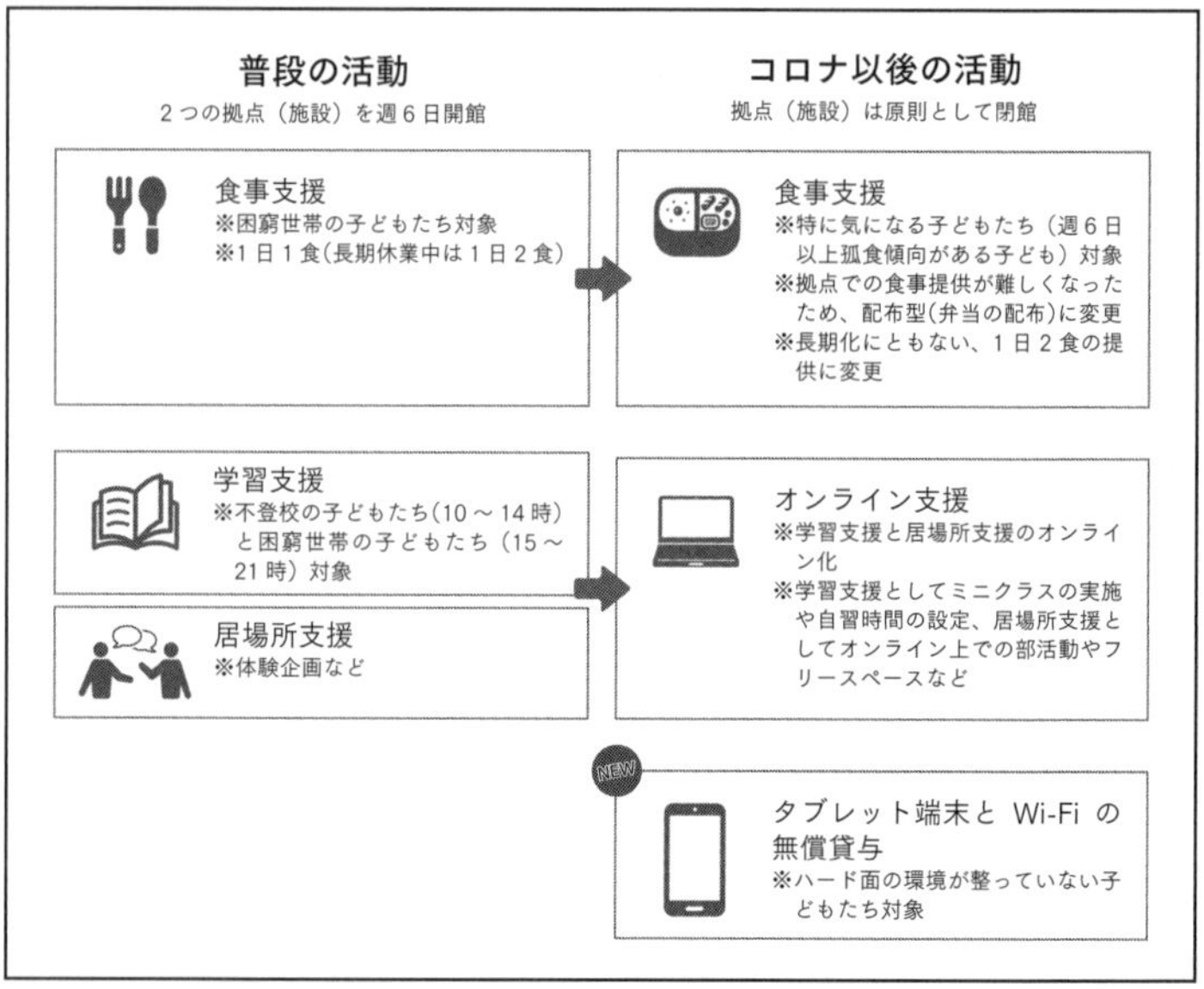

福祉面からの支援、特に食事支援と居場所支援は、新型コロナウイルス感染拡大以前から事業の柱となっていた。だが、**休校によって学校の福祉機能が停止した状況において、それらに対するニーズはより切迫したものとなったのである。**二宮さんによれば、こうした支援を変わらずに続けるということが、重要な「前提」になっていたという。

一方で、感染拡大の影響による方向転換も、きわめて迅速に行われていた。一斉休校の通知が出されたのは2月27日のことだが、3月3日にはすでにタブレット端末の無償貸与を開始し、まもなくオンライン支援（＝学習支援および居場所支援のオンライン化）も実現している。とはいえ、当初は「ほんとに突貫工事で、まずはスタートするというところを重視していました」と、拠点責任者の齋藤さんは言う。支援を届けるスピードを重視し、急ピッチで立ち上げを行う中で、「上手くいかない点」も多々あった。こうした点の改善を繰り返し、「安定のフェーズ」に入ったのは、立ち上げから1か月後の4月に入ってからのことだ。オンライン支援に関しては、それぞれのコンテンツのねらいや価値づけが明確になり、タブレット端末の貸与に関しても、「ただ渡すだけではなくて、その利用が活性化する」ところまで支援の水準が上がってきたという。以下では、試行錯誤の中で捉えられた子どもたちの生活実態と、休校措置下の支援を巡る論点をトピックごとに整理していく。

オンライン化の可能性と課題

新型コロナウイルス感染拡大以前との比較で「ポジティブな変化」として多くのスタッフから話題に上がったのが、「**オンラインでの支援に移行したことで、オフラインのときよりも支援がリーチする層がいる**」（齋藤さん）という点である。拠点にはあまり来ることのなかった利用者がオンラインでは頻繁に顔を出し、スタッフやほかの利用者との関係を深めたり、それほど親しくなかった子ども同士が、オンラインコンテンツへの参加を通じて共通の趣味をもっていることがわかり、新たな「出会い」を果たしたりということが起きているという。また、不登校の子どもへの支援を担当する長谷川さんは、新型コロナウイルス感染拡大による休校や支援のオンライン化は、不登校の子どもにとって、特に学習面において「よい機会」になっているのではないかと指摘する。実際、オンラインでは支援者を「独り占め」しやすく、「周りに追いつくタイミング」だと話している子どもやスタッフも多いようだ。

だが、オンライン支援には特有の課題もある。一つ目は、**オンライン化によって、むしろつながりが弱くなってしまった子どもたちもいる**ということである。長谷川さんは、発達上なんらかのサポートが必要な場合に、こうした傾向が見られやすいという。「表情や身振りから感情を読み取ることがもともと苦手な子にとっては、オンライン環境でコミュニケーションをとるって本当に大変なんだろうなって」（長谷川さん）。

もう一つは、**マネジメントの難しさ**だ。学生スタッフのマネジメントを担当する相田さんによれば、オンライン支援に移行したことによって、学生スタッフと子どもとの関わりが見えづらくなり、学生スタッフの関わり方になんらかの課題がある場合の対処やフィードバックがしにくくなっている。その対策として、オンラインの中でもまずはオープンスペースで関わる活動から始めてもらい、課題があれば早めにフィードバックをした上で、個別的な関わりに移行していく形で実施したいと考えているという。

オンライン支援が実質的なものとなるための条件

そもそも、支援者がいくらオンラインでの支援を行おうとしても、また、タブレット端末などのツールを準備したとしても、それだけで相手に支援が届くわけではない。そこには、いくつか越えなければならないハードルがある。

居場所支援を担当する藤井さんが指摘するのは、「**いくらいいコンテンツを作っても、オンラインが自分にとって安心な場所なんだと思ってもらえないと、そのコンテンツには引っ張れない**」ということだ。オンラインでもオフラインでも、その場を自分の「居場所」だと感じられなければ、支援は届かない。オンライン化にあたっても、一人ひとりの子どもと会話を重ね、信頼関係を築くことが前提となるのだ。その上で、それぞれの興味・関心に合ったコンテンツを紹介するなどして、ようやく「参加してみてもいいかな」と思ってもらえるのだという。「オフラインのときの信頼の残高だけでは、オンラインでその子を一歩進めることはできないな、みたいなのも最近感じますね。やっぱり状況が変わってきてしまっているので……細かく話を聞いていかないとわからないし、そこに理解を示さないと遠のいていってしまうなって感じますね」(藤井さん)。

また、複数のスタッフから聞こえてきたのは、ハード面での環境を整えても、それを活用するための**スキルの面でのサポート**がなければ、実質的な支援につながらないという難しさである。もちろん、タブレット端末やWi-Fiを貸与する際には、子どもと一緒に使い方を一つ一つ確認しているが、それでもきちんと活用されるに至らないことも多いという。

齋藤さん　ここの子たちはやはり、なんていうんですか、物を与えただけではそこには入ってこられないということは、この3か月でほんとに痛いほどわかったので、その架け橋〔オンラインでの教育や支援に実質的にアクセスできる環境を整えること〕をどうやったらいいのかっていうのは、今すごく急務で動かないといけないことだなと考えます。

予定の時間になってもログインされないので電話してみると、「やり方を忘れた」「充電が切れてそのままにしている」といった返事が返ってくることもある。「はじめにわからないと、よくわからないものとしてそのままにするというところがある」（藤井さん）。そうした部分で、**学習の格差だけではなく、「〔ツールを〕活用する強さの格差」が懸念されるという。**

だが、子どもたちにとって、オンラインでの支援にアクセスする際のハードルになっているのは、それだけではない。二宮さんが指摘するのは、**家庭環境の影響**である。

二宮さん　タブレットとWi-Fiを整備すれば、つながりや学びがとまらないと思っていたんですけど、そもそも家が安心できる環境でなかった子どもたちは、自分の部屋を持っていなかったりとか、親の理解が得られないっていう環境にあると。そうすると、タブレットをつなげるときに、親から「何やってんのよ」「遊んでんじゃないよ」みたいにきつく言われたりとか、家の中がすごく散らかっていて見せられないとか、顔を出せないとか、自分の部屋がないから自分の声を聞かれたくないとか。結局のところは、そういう空間的な、物理的ハード面を整備しないことには、これは厳しいなっていう。

家庭が安心できる場になっていなかった子どもたちにとって、活動拠点である施設が文字どおり「居場所」になっていたわけだが、感染拡大によって原則閉館を余儀なくされてしまったことによって、そうした空間を完全に失ってしまったという場合もある。二宮さんは、オンラインでの支援が届かない子どもたちの中には、「やはりそこで関係性が途絶えてしまって、電話で、安否といったら大袈裟なんですけど、近況を確認するしかない手段の子もいます」という。「そうなってくると、そういった子たちの抱えているリスクはどんどん高まっていくので、例えば電話越しに親御さんの罵声が聞こえるとか、そういったことも結構垣間みられていて、ちょっとこう、リスク度としてはヒリヒリしているところではありますね」。

より不安定さを増す家庭環境

実際、活動拠点を置く区では、3月から4月にかけての生活保護の申請が3割程度増えたという報道もあり、新型コロナウイルス感染拡大の影響で保護者の雇用が不安定になっている様子も見えてきている。「仕事がなくなっているっていうのを率直に言ってくれる〔保護者の〕方も結構いて、やっぱり収入面の方で気にしている方は多いなっていう気がしますね」（長谷川さん）。

保護者が仕事を失ったり休みが増えたりすることによって、**長い時間、家で家族と一緒に過ごす**ようになり、子どもたちからは「けんかが増えた、怒られる機会が増えたというような話」（齋藤さん）、「保護者の方の気持ちの浮き沈みにすごく影響されて、しんどいとか、……ちょっともう限界みたいな話」（藤井さん）も聞こえてきている。藤井さんによれば、家庭環境がより不安定になり、**家族との関係性が悪化してしまう**ことで、「子どもが逃げ場を見つけようとして、あまりよくない関係性の方に行ってしまう」ということも、「リスクとしてすごく高い」という。もともと、長期休業中は家出なども発生しやすく、とりわけ女子の場合、そこから男性との「あまり良好ではない関係性」に陥ってしまうこともあるようだ。今回の休校中も、SNS上で知り合った10歳以上離れた男性に、ネット上で追いかけられて困っている、というような事例がすでに生じているという。

また、家族と長い時間一緒にいなければならない状況とはちょうど反対に、保護者が在宅勤務になっていない場合など、**昼夜を問わず子どもだけで家にいなければならない**という場合もある。ひとり親世帯で仕事を休むことができない家庭も多く、そうした家庭からは、特に食事支援や学習支援に対して感謝を伝えられることがしばしばあるという。「そこから想像するに、在宅〔勤務〕にしたくてもそれに変えられる環境にないご家庭が、やっぱりリスクと隣り合わせで働かなければならないし、より家庭の中の不安が高まるっていうことなのかなというふうに思います」（二宮さん）。なお、厚生労働省の国民生活基礎調査（２０１９）によれば、児童がいる世帯の６・５％がひとり親世帯であり[25]、本プロジェクトの質問紙調査（保護者調査）にもひとり親世帯が３％（67名）含まれている。保護者調査の結果からは、ひとり親世帯の場合、親自身が主となって子の学習サポートをしている割合が低く、自身の親（子にとっては祖父母）に任せるか、誰も学習サポートしていないかのいずれかであったことが明らかになっている（「誰もしていない」と回答した割合は、ひとり親世帯の場合20％、その他の家庭では６％であった）。また、特に母と子のみの世帯のうち半数が非正規労働（パートタイム社員）であったが、非正規労働の中でも

25 厚生労働省「２０１９年 国民生活基礎調査」（２０１９年）https://www.mhlw.go.jp/toukei/saikin/hw/k-tyosa/k-tyosa19/dl/02.pdf（２０２０年9月17日アクセス）

パートタイムの場合、ほかの就業形態と比べて、緊急事態宣言による自粛などで収入が減ったという回答が多かった。これらの結果から示唆されるのは、特にひとり親世帯において、**新型コロナウイルス感染拡大の影響によって経済状況がより悪化し、子どもへのケアやサポートが難しくなっている**ということである。こうした状況において、支援者の存在はより重要性を増しているといえるだろう。

だが、今回のような事態では、普段に比べて支援の手が届きにくくなっている面もある。例えば、普段の活動では、施設の利用が少ないなど、特に気になる家庭に対しては家庭訪問をしていた。だが、感染拡大の影響でそれも難しくなっている。「そうした子たちっていうのは、残念ながら電話してもつながらないんですよね、保護者もしくは本人に。貧困レベルがすごく高かったりとか、保護者が外国ルーツだったりというケースが多くてですね。そういった家はちょっと家庭訪問したりしていたんですけれども、いかんせん今は訪問して話そうっていうこと自体が、世の中的にもOKしていないし、なかなかできていない。そうした子たちにはリーチできていないっていうのが正直なところです」(長谷川さん)。

学びに寄り添う

こうした不安定な状況の中で生活している子どもたちにとって、学習への意欲を保つことは容易なことではない。齋藤さんは、「こういった環境下でも学習に向き合えるお子さんは大勢いる」としつつ、次のように語る。

齋藤さん　ただ、私たちが見ている生徒たちは、やはりもともとの意欲が非常に少なくて、学校が担っていた福祉的部分が欠如することによって不安定さがより増してしまう子たちが大勢いるなと思っています。〔そうした子たちに対しては〕単に学びを促進させればいいのかって言ったら多分そうではなくって、そこまでの道のりの、**もっとサポーティブな伴走とか寄り添い**、もしくは吐き出せる場所みたいなところ、そういった支援が絶対必要になってくると思います。

子どもたちの「学びを支える」ためには、まずは子どもたちとの信頼関係をつくる必要があるという意識は、スタッフの間で共有されている。相田さんは、一般に学習は強制力(「学校に行かなければならない、学校にいるなら勉強しなければならない、学校から出された宿題をしなければならない」）によって成り立っており、それが子どもたちにとって精神的に大きな負担のかかるものだったのではないかと指摘する。それに対して、「〔この支援事業は〕そういった強制力で動いているシステムじゃないと思っているので、基本的に僕らとしては『勉強しないといけないよね』っていうスタンスではなくて、関係性の中から『この人っていい人だな』って思ってもらった上で、『じゃあ、この人だったら勉強してみてもいいか』とかいうふうな形で、できるだけ関係性志向から学習へのアプローチをしていきたいと思っています」（相田さん）。

休校中に学校から出されている課題への取組についても、「頑張って進めている子が多いなという印象ではある」（藤井さん）が、気になる状況も出てきているという。一つは、休校が長期化するのにともなって、課題も度々追加され、疲れが見えてきているということだ。

藤井さん　達成感がすごく感じづらいんじゃないのかなと思います。その学習が、何が身になっていっているのかとか、自分の中で「こんなに頑張ったんだ」みたいなものを得づらい状況かなと思っていて、そこは今、オンラインでも私たちは接することができているので、何ができたのかとか、こういうふうに今進んでいるんだっていうのを、きちんと提示していく必要があるなと思いました。

もう一つの気になる状況は、**未修範囲が課題として出され始めていること**である。もともと学習への意欲が高くなかったり、学習への苦手意識が強かったりする子どもたちにとって、未修範囲の学習は「かなり大きな負担になる」（相田さん）。この点については、複数のスタッフから懸念の声が聞かれた。例えば、相田さんは端的に「〔未修範囲の学習を〕どのようにサポートするかは」僕らも今、だいぶ課題だと思いながら関わっています」と話し、藤井さんもまた「学習に向き合うのがほんとに大変という子にとっては、習ったことがないことが課題に出てくるというのは、さらに学習への意欲をもちづらい状況になるし、……格差が開く要因にもなっていくと思っています」という。

未修範囲が課題として出されていることの背景には、休校が長期化する中で、それでも可能な限り履修するはずだった範囲を年度内に終えてほしいという、学校や先生方に対する社会的要請もあるだろう。その意味で、支援者として、休校明けにどのように学習が進められていくのかという部分は気がかりだという。

二宮さん　ほんとに、休校明けのタイミングでどうするのかって。やらなきゃいけないことが多すぎてとかだと、またどんどん取り残されるとか、より困難な子たちが見捨てられていくみたいなことだってあるような気がしていて。

藤井さん　学校がどういうふうに再開していくのか……に合わせて、じゃあ、ここに通っている子たちはどうやって自信をもって学習できるか〔を考えていかなければならない〕。今、自分で機会を得ようとしている子はどんどん進んでいる状況だと思うので、そこは自信を失わず進めていけるようなサポートを考えなきゃいけないなというのを、ちょっと〔ここ最近の〕変化で感じています。

休校中に開いた格差が顕在化したり、格差がさらに開く可能性が生まれるのは、休校明けのことである。そうであるなら、「学びを支える」ための取組は、非常事態のただ中で何をすべきかだけではなく、より長期的な視点から考えられねばならないだろう。

支援者への支援

そうした長期的で持続的な支援のためには、支援体制そのものを安定的にしていくこと、すなわち、「支援者への支援」が欠かせない。この点に関して、支援者のメンタルヘルスや資金面で憂慮すべき事態が生じつつあることは見過ごせない。

メンタルヘルスについていえば、事態の長期化にともなって、スタッフに疲れが見え始めているということがあるようだ。新型コロナウイルス感染拡大は全世界規模のものであり、程度の差こそあれ、誰もがその影響を受けている。支援者もまた、支援される側と同様に「当事者」なのだ。これまで誰も経験したことがない状況の中で、よりよい支援を目指して模索を続けることは、重要な挑戦である。だが、オンライン化によって、スタッフ間のコミュニケーションのとり方や仕事の進め方が大きく変わっていることもあり、スタッフには心身の両面に大きな負担がかかっている。拠点責任者の齋藤さんは、「私自身もそうだと思うんですけど、ほかのスタッフを見ていてもちょっと疲弊しているなっていうのは感じている」とし、「**メンタルヘルスの部分は何かしらの対応を考えてあげたい**」と話している。

また、事態が長期化すればするほど、**支援者を資金面で支える**ということも不可欠になってくる。支援事業を統括する二宮さんは、「コロナのあとに立ち上がる」ということまでを見据えたとき、「それ〔支援〕が持続的にできるっていうことを担保する資金面は、絶対にあると助かるというか、必要不可欠だろうなとやっぱり思いますね」と話す。だが、実際には正反対のことも起こりつつある。支援事業は行政からの委託を受けて実施しているのだが、この休校措置中に委託費が減額される可能性があったというのだ。その背景には、施設が原則休館になったことで、支援事業自体も「とまって」いるように見えたということがあるらしい。二宮さんは、休校中の学校に対する誤解にも共通するところがあるかもしれないとしつつ、休館中にも業務はあること、オンライン上で支援を継続していることなどを、実績を示しながら説明する必要に迫られたと話す。結局、今回は二宮さんの説明を「なんとか理解してもらって大丈夫」だったが、一方で「〔事態が〕長期化したらどうなるかわからない」という思いもある。だからこそ、持続的な活動のために「必要な支援を絶対に集めてほしいというふうに思います」。

教育と福祉の連携

ところで、今回の休校措置を巡る一連の社会的動向は、支援者の目からどのように見えているのだろうか。多くのスタッフが今後の支援活動の課題とともに言及したのが、子どもの生活や学びを支えるアクター同士の連携が進んでいないこと、特に教育と福祉の連携の難しさである。二宮さんによれば、この支援事業は行政上福祉部の管轄にあるが、数年前の発足以来、学校という「一番のステイクホルダー」との連携を模索し続けてきた。そうした模索の中で感じていたのは、**教育委員会や学校と福祉部との断絶の深さ**である。特に最初の2年間は挨拶すら取り次いでもらえなかったが、不登校の支援を始めたりする中で、徐々に教育委員会や学校とも接点が生まれるようになっていった。二宮さんは、教育委員会や学校に働きかけ続けたことによって、自分たちが「橋渡し」の機能を果たしてきたのではないかと振り返る。「その働きかけはこれからも強化したいし、逆に向こうからもアプローチが来てほしいタイミングかなというふうに思いますね」。今回の休校中の対応に関しても、学校の先生方は「今できる中での最善の対応をしてくださっている」という認識が前提だとしつつ、次のように話す。

二宮さん　多分、今はもはや学校の先生よりも子どもたちのことをわかっている状態になっているんですよね。立場が逆転していて。オンラインでもつながっているので、その辺を上手く使ってほしいというか、その発想に学校がなってほしいなという感じはあります。

子どもの様子をより詳細に把握できていることへの自負と、だからこそ積極的に連携を進めていきたいという思いをもっているのは、二宮さんだけではない。相田さんもまた、そうした思いを語ってくれた一人だ。

相田さん　学校の意向はもう少しはっきり知りたいなっていうのは思ったりもしますね。……そのあたりの連携はもう少しできたらな。〔学校に何かを〕してほしいというよりか、できたらなっていうふうには思っていますね。……今、ふと思ったんですけど、かなりいろんなことが機能不全になっている状態なので、何かしてほしいっていう思いは、あんまり感じていないなと思います。〔むしろ〕自分たちがある程度動けている状況なので、自分たちが変えていかないとっていう思いになっている……。

学校はこれまで、子どもの安心・安全な生活と学びを保障する場として、中心的な役割を果たすことが期待されてきたし、今回の休校措置によって、学校が果たしてきた役割の大きさは改めて認識されることとなった。だが、学校は子どもを支える唯一の場ではない。とりわけ、今回のような非常事態においては、学校であれそのほかのアクターであれ、単一のアクターだけで事態に対応することは不可能であろう。そうであるなら、それぞれがそれぞれの強みを生かしつつ、ほかのアクターと連携・協力していくことが求められる。また、状況の変化や場面に応じて、そうした強みが最も生かせるのはどのアクターなのかということも変わってくるだろう。

齋藤さん　誰かがどうにかすればどうにかなる状況じゃもうないと思っていて。例えば、学校の先生がすごく頑張って学校を再開させ、オンラインも実施してやっていくみたいな状況、今までの学校一元化じゃないですけれども、**学校だけが担うような状況はなかなか難しい**と思っています。関係する人たちそれぞれが、それぞれの場で、今後どういう子どもたちにどういうことをしていくのかっていうのが問われているんじゃないかと……思っています。

齋藤さんは、この支援事業にも手が届きにくい部分があり、そこについてはほかのアクターと連携していきたいと話している。それは「家庭全体への支援」だ。子どもを支えるためには家庭全体への支援が必要になるが、「今の事業体では、そこに踏み込んで入っていくっていうのはなかなか難しい」。そこで、「ケースワーカーさんやスクールソーシャルワーカーさんといったほかの皆さんの力を借りながら」支援を進めていきたいと考えているという。

今後の活動——新たなフェーズへ——

支援者調査を実施したのは、5月中旬、東京都では緊急事態宣言が延長されて少し経ったころのことである。このころ、状況の変化に合わせて、支援活動も新たなフェーズに入ろうとしていた。

一つは、事態の長期化によって、家庭の状況がより不安定になったり、困難度が高まっていたりすることへの対応である。例えば、食事支援では、特に気になる子どもを対象に、夕食のみを提供していたが、対象を拡大し、昼食も提供するようになったという。

もう一つは、「ウィズ・コロナ」を見据えた対応である。「アフター・コロナ」の世界はまだまだ先のことであり、学校が再開されたとしても再度の感染拡大が起こることも容易に想像できる。だからこそ、事が起こってから「受け身的に対応」するのではなく（二宮さん）、こうした事態はこれからも断続的に続くものと想定して対応を考えていく。そうした中で、今後の支援は**「オンラインとオフラインの融合」がキーポイントになる**というのが、多くのスタッフに共通した見通しである。具体的には、従来のオフラインでの支援に加えて、タブレット端末の無償貸与の期限を夏以降まで延長し、オンライン支援（学習支援、居場所支援）も継続する。ただし、「この支援事業の特徴として、オンラインの支援だけだと［足りない］」という長谷川さんの言葉は重要だろう。長谷川さんが念頭においているのは、オンラインでは食事支援ができないということだ。給食と食事支援で提供される食事が子どもたちにとって「すごくライフラインになっている」。長谷川さんは、オンラインとオフラインの融合は「生きるためにどうしても必要なものと、生きていく上でもっと便利になったらっていうものの融合」だと考えている。「やっぱりオンラインの支援だけでは足りないし、でもオフラインだけだと……『もっとできたよね』みたいになるかなっていうのは、最近僕が思ったことです」。

ここまで、支援者自身の語りをもとに支援者の「そのとき」を描き出してきた。**支援者たちの活動の根底にあったのは、学校がもつ福祉機能が「とまった」ことによって、子どもたちがより切迫した困難に陥ることへの強い懸念である。**経済的な理由から、あるいは、家族との関係性に課題を抱えているために、家庭が安心・安全な居場所になっていない子どもたちにとって、今回の休校措置は「生きていくためにどうしても必要なもの」が揺らぐほどに大きな影響を与えるものであった。その現実は、支援者だけでなく、私たち皆が見つめねばならないものであろう。

座談会――対話がつむぐ「そのとき」と「これから」――

２０２０年6月14日に実施されたオンライン調査報告会での座談会の様子を収録。

【登壇者】※敬称略、所属は当時
認定NPO法人カタリバ 代表理事　今村久美
同 ディレクター　加賀大資
東京都立日野台高等学校 指導教諭　佐々木宏
N高等学校 3年生　片野優
立教大学 教授　中原淳
同 助教　田中智輝（司会）

――皆さん、お集まりいただきまして、ありがとうございます。今回の座談会では、対話を通じて「そのとき」を振り返りながら、学びを支えるためにこれからどんなことが必要になるのかを考えていきたいと思います。

最初に、登壇者の皆さまより自己紹介をしていただきます。その際に、簡単な事例紹介として、二つのことをうかがいます。①一斉休校の通達を受けて、まず何をお感じになったのか、②学びを支えるため／学び続けるためにどう動かれたのか、です。それでは、今村さんからお願いいたします。

今村　NPO法人カタリバの今村と申します。私たちの団体は、居場所をつくることを通じて、子どもたちに学校外で人間関係をつくるという選択肢を提供してきました。

一斉休校を受けて、私が最初に感じたことは、子どもたちが家族と多くの時間を過ごすことになると、**家族との関係性が悪い子どもたちや、子育ての難しさを感じている親御さんが、すごくストレスを感じる状況になるだろうな、ということ**。それから、生活リズムの乱れが起きるだろうな、ということでした。

それで、一斉休校になって4日後には、「カタリバオンライン」という、オンライン上での居場所をつくるというプログラムを立ち上げました。カタリバオンラインのユーザーの多くは小学生で、これまで1806名の方に使っていただきました。一斉休校が終わったときに取ったアンケートでは、ユーザーのうち13・7％が

そのとき学びに何が起こったか
主催　立教大学中原淳研究室
協力　認定NPO法人カタリバ

不登校傾向の子だったこともわかりました。コロナは、**オンラインで学ぶという選択肢を、ご家庭に示したともいえる**のかなと感じています。

加賀　加賀です。よろしくお願いします。私はもともと教員だったんですけれども、東日本大震災をきっかけにして、NPOカタリバに入職しました。今は、いわゆる困窮世帯など、なんらかの困難を抱えている子どもたちの支援に関わっています。

一斉休校の要請があったときに思ったことは、まずは、**学校が担っていた福祉的機能がとまってしまうことによって、そこである程度救われていた子どもたちの困窮度が高まるんじゃないか**ということ。それから、**学び続けられる子と学びがとまってしまう子の格差の問題ですね。**

「カタリバオンライン」は一斉休校後に新しく立ち上げたプログラムですが、私どもは既存の施設で行っていた活動をオンライン化して、コロナに対応してきました。

「学びがとまる」というか、学びよりも前に、安心や安全が担保されなければ学びが始まらないとも思っています。困難を抱える子どもたちの多くは、この部分がかなり危ぶまれているという現状があります。まずは安心や安全という土台をしっかりとつくりながら、学びに進められるように、試行錯誤を続けています。

佐々木　こんにちは。東京都立日野台高等学校の佐々木と申します。私は、都立の教員になって30年目で、日野台高校は9年目になります。今年は、3年生の担任をしています。

一斉休校についての最初の通知のときは、教員も生徒もそんなに深刻に受け止めていなかったのですが、4月に休校の延長が決まったあたりから、3年の担任団を中心にオンラインでの授業配信やホームルームを実施し始めました。休校が長引くにつれて懸念を抱いたのは、取組が教科学習に集中していることでした。行事や部活動のことは、まったくと言っていいほど議論になっていないし、**学校の機能がほとんど教科の授業だけになってしまっている**ことについて、大丈夫なんだろうかと。新入生も、学校のコミュニティにまったく参加しないままでした。

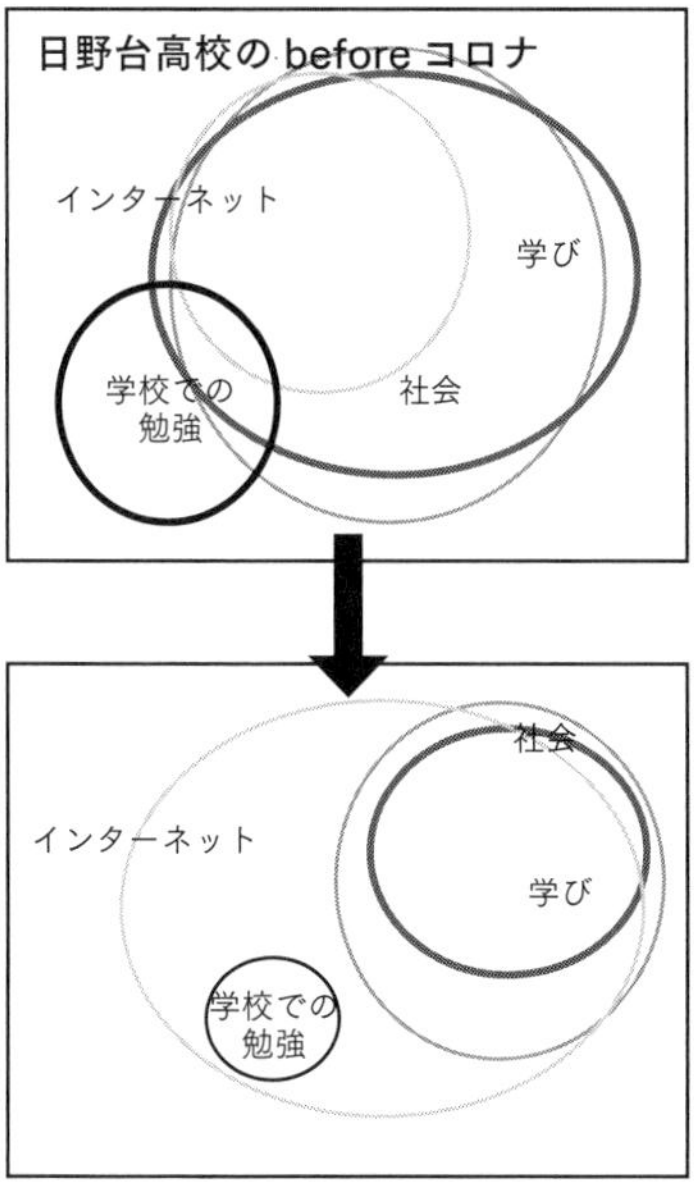

振り返ってみると、コロナになる前の日野台高校では、**学校での「勉強」と社会での「学び」の関係**がこんなふうになっていたんじゃないかと思うんですね（上図・上段参照）。僕らは社会やキャリアとつながったりするような「学び」も進めてきましたけれども、受験勉

強とか勉強のための勉強みたいな部分がやっぱりかなりあった。それが、コロナの状況になって、こんな感じ（下段）になったんだと思います。つまり、インターネットを使って、学校でやらなきゃいけない「マスト」の勉強はなんとか動かしているけれども、**学校での「勉強」が広い意味での「学び」から切断されてしまった**ということです。これからどうすればいいのか、皆さんのお話を聞かせていただければと思います。よろしくお願いいします。

片　野　片野優です。よろしくお願いいします。N高等学校の3年生です。N高等学校って最近できたネットの通信の学校で、私はそこの通学コースに通っています。私の場合は、勉強面は比較的変わらなかったんですけれども、**受験に関して心配しています。**私は入試を受けようと思っているんですが、今回のことでどうなるのか。それと、私たちの代は、センター試験がなくなる代なんですね。入試制度が大きく変わるし、さらにコロナでどうなるのかわからない状態で、現時点で学校が始まっているところと始まっていないところがあるじゃないですか。私の学校みたいにオンライン体制が整っていれば、しっかり勉強を続けられますけれども、そうじゃないところもあると思うので、そこでまた差ができてしまう。私の代では、それがすごく苦しいんじゃないかなと思います。**大人には、高校生の学びを支援するというか、少なくとも理解をしてほしいです。**今、文化祭や体育祭がなくなったりして、1年の楽しみをすべて消された状態で受験に挑めと言われていて、大学に受かるかどうかもわからないし、そもそも入試自体がどうなるかわからない。受験があってただでさえ心に負担がかかりやすいのに、コロナでストレスがたまるし、勉強しづらい。こういう不安な状況を大人たちにわかってほしいということを、若者の声として発信したいです。

中原　中原です。大学教員として、はじめて危機感を感じたのは、2月の末ごろだったと思います。ゼミの合宿や成果発表が中止になったんですが、学生の目がものすごくどんよりしていて、彼らの喪失感をものすごく感じたんですよね。**彼らにとっては完全に「巻きこまれ事故」で、圧倒的不条理なんだというのをすごく感じました。**

一方で、大学教員ではなく「親」としての私、こっちはかなり大変でした。親としてまず思ったのは、生活リズムを変えたら、うちの子は廃人になるな（笑）、ということです。学習も運動もリズムを整えないとやばいと思って、カミさんとなんとかかんとかやっていますって感じなんですよ。

意外だったことは、子どもの LINE の通知音が鳴らなくなったんですよね。聞くと、「だって、話すことねえもん」って。何が言いたいかというと、**学校っていろんな「出来事」を提供していた。**出来事というのは、話題ですよね。だから、出来事がなければコミュニケーションもない。すでに行事のことが話に出ていますけれども、出来事を提供する学校の機能って、すごく大事なんだなと思いました。

それから、オンラインコンテンツについて。うちの子どもに限って言いますけど、うちの子は、無料コンテンツ、びっくりするぐらい見ない。ただし、自分の先生が語りかけてくれるということなら別なんですよ。これはおもしろいなと思っていて。**先生一般じゃなくて、「私の先生」が語りかけてくるというのは、きわめて大事なことだなと思う。**でも、「私の先生」って誰でもなれるわけじゃなくて、子どもにとっては一人とかそのくらいですよね。だからこそ、オンライン・オフライン問わず、先生が語りかけるってことは非常に重要なんだと思います。

――ありがとうございました。今回の座談会のトークテーマは、投票機能を使ってご参加の皆さまにお選びいただくことになっておりますが、ちょうど半数の方が「休校で見えてきた学校の役割、学校の外での学びの可能性とは?」というテーマに投票してく

ださったようです。登壇者の皆さま、このテーマについていかがでしょうか。

片　野　私からいいですか。休校になって、学校での勉強の時間がなくなったときに、モチベーションが上がらなくて、ゲームばかりやっちゃうんですよね。そんな中でどうやったら楽しく勉強できるかなと思って、普段通話しながらゲームをやっている友達と、**Zoomをつないでオンライン勉強会をやってみたんです**。そしたら、週1回の1時間だけでも、かなりはかどっています。

佐々木　高校生が自分たちで勉強会を始めたわけですよね。

今、僕がすごく感じているのは、うちの学校では、オンライン授業でも全部、教員からの配信で、「指示」なんだということ。それはコロナの前からなんですけれども、**基本的に生徒は「マスト」ばかりなんですよ**。これをしなさいとか、これをしてはいけないとか。そうじゃなくて、今、片野さんがおっしゃったような**自発的なつながりが、いろんな場、いろんな形でできればいいな**とすごく思います。

――今村さん、先ほどカタリバオンラインの自発的な学びの場の様子をご紹介いただいたんですけれども、そういうプラットフォームをつくるとき、どういった工夫をされたのでしょうか。

今村　はい、こだわったことが二つありました。一つは、**全員が一言でも声を発するように場づくりをする**ということです。誰一人、聞いているだけの人がいない。ちょっとしたアイスブレイクでもいいから参加できるようにすれば、場が自分のものになってくるのではないかなと思いました。もう一つは、**安全を守るということ**。380人ぐらいの方にボランティアとして参加していただいたんですけれども、その方々はいろんな国から参加されていて、身元確認ができないんですね。ですので、子どもも大人も、すべての参加者がニックネームで参加し、録画などは絶対しないという形にして、リスクを排除する。そこさえ守れば、オンライン上でかなりのことができるなと感じました。

——一方で、どうしてもモチベーションが上がらないとか、学び以前のところに不安があるという子どもたちも、たくさんいたんじゃないかなと思うんですけれども。

加賀　冒頭でお話ししたように、やはり学校が担っていた福祉的機能が非常に大きかったという部分があって。あとは、「学校に行かなければならない」という、半強制的な力。それによって苦しむ子たちがいて、そういう子たちにとっては、オンラインで学ぶという新たな選択肢が提示できたというのは、非常に明るい兆しです。

しかし一方で、半強制的な力によってこそ、つまり、**他律によってこそ、学校で勉強するということが担保されていた子がいたと思うんですね。**だから、それがなくなったときに、自律的に「これはやばい、やらなきゃ」という子たちがいる一方で、「ラッキー」みたいな感じで解き放たれている子たちの学びがとまってしまった、ということがあったんじゃないかなと思っています。僕らは、学校がつくり出していた他律を「**良質なおせっかい**」と呼んでいるんですけれども、学校はその良質のおせっかいによって、生活習慣や学びや友達関係、おそらくいろいろなところに寄与していたんじゃないかなと思いますね。

――なるほど。オンラインでの学習が入ってくるということがあるわけですけれども、学校や大学がもっている「学びの場」としての価値も見直されそうですね。

中原　やはり、「私の」とか、「私が所属している」とか、そういう、船のメタファーでたとえるならば「いかり」を下ろすような場やつながりが大事になってくるんだと思いますね。そういうものによって学べる／学べないということが決まってしまう気がする。**個別化された学習であればあるほど、学習者の自己調整学習力、つまり自分で学習を回す力に依存しちゃうんですよ。**それが高い子は勝手に学んでいけるからいいんですけれども、そういう子ばかりじゃないんですよね。そういう意味でいうと、格差ががんがん開いちゃっている。
でも、**一番大事なのは、共に学ぶっていうことじゃないでしょうか。**共に学ぶとか、先生に見守られているとか、そういうソフト面というのかな、そういったものが実はすごく大事な気が僕はしています。

加賀　大人もそうですよね。会社に行かなければ働けない大人が少なからずいる。自己調整して学習できることと、自己調整して仕事できるというのは、やはり共通性があると思います。大人でもそうなのに、学校がなくなっている中で子どもが自己調整できるかといったら、なかなか難しいんじゃないかなと思いました。

中原　理想としては、わかりますよね。自己調整してほしいって気持ちは、親だったら当然もつんだけれど、なかなか難しい。
それと、会社のメタファーでいうなら、一番しんどいのはリズムができていない新入社員、あるいは、中途採用の人じゃないですか。今回でいえば、**高1、中1、小1という、端境の学年に一番しわ寄せが行くと思います。**

今村　4月はちょうど人間関係と場への愛着形成をしなきゃいけないタイミングだから、今回はそういう意味でも大変でしたよね。

加賀　それでいうと、**愛着が生まれて安心できるというのは、目的があまりないという状態もすごく重要だと思っていて**。最近、リモートワークでは、雑談の時間を強制的につくるということが言われていますよね。雑談という非常に無目的なやりとりの中で、関係性ができたり安心感を得られたりしていたのに、それが失われたということがあって。子どもたちも、学校とか私どもが提供している居場所とかでも、無目的にいられるということがあったと思うんですけれども、オンラインでそういう安心感をつくり出すというのはなかなか難しい。

片野　私の学校では、Zoomのブレイクアウトルームという機能を使って、毎朝グループディスカッションをするということがあるんですけれども、それが、そういう面での対策になっている部分があるように思います。ただ、オフラインで議論した方がその子のことがわかるし、しっかりその子の意見も汲み取れるんですけれども、オンラインになってしまうと、ミュートして画面オフにして何もしゃべらないみたいな子が出てきちゃったりするので、ちょっと困っちゃいます。

佐々木　でも、オンラインにしたらミュートにして画面オフにしてというのは、僕らのところでは、むしろそっちの方がスタンダードですよ。そもそも、高校生もほとんどみんなスマホを持っているんですけれども、**学校の中では学ぶこととＩＣＴを使うということが切断されているんですね。**スマホは遊ぶためのものであって、主体的に学びに参加していくツールだという発想がない。むしろ、この機会にそこが上手くつながっていけば、コロナのあとも、いろんな可能性が見えてくるんじゃないのかなと感じています。

――チャットの方に、「余白って大事ですよね」って書いてくださっている方がいらっしゃいますね。確かに、オンラインのコミュニケーションは、目的合理的すぎる部分もあるのかなと思います。今、足りていない「余白」があるとすれば、それは何なのでしょうか。

加　賀　偶然の出会い、かっこいい言葉でいうと「セレンディピティ」のようなものではないでしょうか。人との出会いもそうなんですけれども、いろいろな機会との偶然の出会い。学校にいる

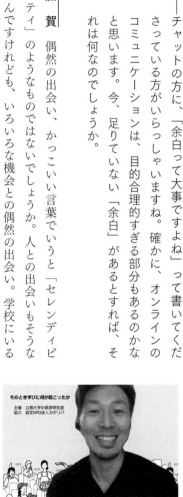

と、たまたま通りかかったところに声をかけられて部活動に参加したとか、何かのイベントを手伝わされたとか、「たまたま起きたこと」というのがあると思うんですよ。でも、オンラインは何かをしようと思って接続するわけで、逆にいうと、何かをしようと思わないと接続しない。**たまたまそこにいたということが何かにつながる、ということが起きづらい環境なんですよね。**だからこそ、オンラインで重要なのは、どれだけそういう出会いを生み出せるかを意識する視点なのかなと思いました。

佐々木　たまたま昨日のことなんですけれども、日野市にある大学の留学生と高校生とで、オンラインでゆるくお茶会をしようというのが始まっていまして。そうすると、さっきおっしゃっていた、たまたま寄ってみて、そこではじめて会って、「あ、おもしろいな」みたいなことが起きるのかなと。僕も、そこで生徒と留学生がたまたま「勉強と学びは違う」みたいなことを言っていたので、今日はちょっとそこからお話をしたんですけれども。そういう場が上手くつくれるといいですよね。

今　村　ちょっとテーマと離れてしまうかもしれないんですが。

今回、カタリバの宮城県女川町のチームでもオンラインの支援をしていたんですけれども、女川の学校でも、すぐに学びをとめないための活動を始めたんですね。学校の先生方は、当然オンライン授業なんてやったこともないし、機器も足りないし、Wi-Fiも足りないし、いろいろあったんですけれども。でも、別にLTEでつなげばいいですよねとか、タブレットがなければこちらで集めたものを提供しますとか。東日本大震災のときから、地域資源として私たちの存在があって、ずっとつながっていたので、スムーズに連携できたんです。学校と地域の連携ってなんかややこしいし、なかなか進んでいない学校もあると思うんですけど、こういう有事のとき、学校だけでできることってそんなに多くないかもしれないと思っていて。でも、有事のときに平常時から連携していない人たちがいきなり連携するのって、とても難しいんですよね。だから、**学校が常に開いていて、外の人たちと手を組んでいるという日常をつくる**ということは、非常時において役に立つし、重要だと思います。

中　原　それはすごく大事で、第2波、第3波が来るときにも、すごく参考になると思うんですよね。緊急事態のときって、あれもこれもそれもやりたくなるんだけど、まずは行き過ぎた平等主義を抜けて、とにかくアクションを起こすこと。格差はあるし、それをゼロにはできないんだけど、完璧よりはスピードを求める。それと同時に、今村さんがおっしゃったことなんですよね。**学校だけで対応するというのは、おそらく厳しい**。だから、資源をかき集めなきゃならなくて、**親とか地域、場合によっては企業に頼るというのも、ありなんじゃないか**と思うんですよ。まずはアクションをやり切って、サポートが必要な層にはどんどん資源を投下していくというのが、一番スタンダードなやり方なんだと思うんです。学校を閉じないということが、実は一番課題の解決につながるんじゃないかと僕は思っています。

——最後に、これからの学びを支えるために大切にしていきたいことを一言にまとめていただきます。オーディエンスの皆さんも、ぜひチャットの方に書き込んでいただければと思います。では、よろしくお願いします。

今村　私は、「**ゆるく気楽にやる**」と書きました。完璧を求めているうちに1年経ってしまうので、できるところからやってみて、だめだったらやり直せばいいという気持ちで、みんなでトライアンドエラーをしながら乗り越えていけたらと思います。

加賀　僕は「**連帯**」というふうに書きました。もう変化は起こるという前提に立つしかないと思っていて。そうしたときに、変化に対応できるのは一人の力ではなく、やはり連帯の力なんだと思います。教育に関わる一人ひとりが日ごろからつながっているということが、これからの学びを支えていくんじゃないかなと思いました。我々も、地域の方からマスクを頂いたり、食事の配布を始めたときに「お弁当作るよ」と言ってくださる方がいたりして、かなり支えられました。そんなふうにゆるくつながりながら、平時から変化に備えられればと思っています。

佐々木　僕は「**勉強から学びへ**」です。学ぶというのは、本当は自分自身を含めていろんな人を幸せにする力があったり、わくわくしたりすることだと思うんですね。幸せになる仕方、学び方は、きっとその人、その生徒が見つけていかなければいけないんだろうと思うんですけれども。そういうことに気付いてくれさえすれば、あとは自分で学んでいくことができるんじゃないかと。僕たちは、そういう場を、つながりの機会を、できるだけたくさんつくりたいなと思います。

片　野　私は「**声**」って書きました。それには二つの意味があって。まず、若い人の声って重要だと言ってもらったので、自分たちはこう思っているんだというのを、大人たちに自分の声として発信してほしいということ。もう一つは、声に出して友達とコミュニケーションをとるのって大事だと思うんですよ。いろんなツールがあるので、普段からいくらでも連絡をとれると思うんですけれども、たまには勉強で作業通話（※）をしてみるなり、

そのとき学びに何が起こったか
主催　立教大学中原淳研究室
協力　認定NPO法人カタリバ

暇つぶしにZoomをつないで、ジュースでも飲みながらオンライン飲み会をしちゃうみたいな。そういう時間もちょっとはつくって、コロナを乗り切る自分なりの仕方を見つけてほしいと思いました。

※作業通話：お互いが作業をしながら、SNSやビデオ会議システムを使って通話すること。面識のある友人だけでなく、SNS上でつながりのある人同士などでも行われる。誰でも気軽に通話できるフリースペースなどのサービスを提供する、専用のアプリもある。

中原　僕は「**縁**」ですね。みんなが翻弄されているし、これは平時ではないという認識をまずもつ。だからこそ、学び手であるならば自ら縁を絶たない、教え手であるならば縁を絶たせないってことが大事なんだと思いますね。必ず敵は来る。その中で、縁の上に学びを築いてほしいと思いますし、一人の教師としては、そうしなきゃいけないと思います。

――チャットにも、たくさん書き込んでいただきました。ありがとうございます。限られた時間でしたが、重要な論点を深められましたし、これからの学びを支えるいろいろなアイディアも出していただいて、充実した座談会になりました。皆さま、本日は本当にありがとうございました。

第4章

「そのとき」の経験から見えてきたこと

第1章で示したとおり、本書は「休校期間における子どもたちの生活と学びの実態を把握した上で、学びを支えるための作戦会議をしよう」という目的に向けて編まれている。したがって、第2章、第3章ではその土台となる休校中の学びの実態把握を行った。簡単に振り返っておこう。

まず第2章では、高校生調査および保護者調査を手がかりに、子どもが家庭でどのように過ごし、何を感じていたのかを明らかにした上で、保護者や教員（学校）の関わりが子どもたちの学びにどのような影響を与えたのかを見てきた。次に、第3章では、教員、子ども（中高生）、保護者、そして支援者を対象に行ったインタビューをもとに、学校が「とまった」とき、何を感じ、どのように動いていたのかを、それぞれに異なる立場から描き出すことを試みた。

以上の検討をふまえて、本章では、「学びを支えるために何ができるのか」という視点から、量的な調査（第2章）と質的な調査（第3章）で示された知見を総括する。総括にあたって、まずは保護者、学校、支援者といったアクターごとに、学びを支えるための要点を示す。そうすることで、すべての子どもが学び続けるために必要な条件を整えるために、それぞれのアクターに何が求められているのか、あるいは多様なアクターがどのように連携していくことができるのか、その可能性と課題を考えてみたい。

1　学びを継続できた子の共通点

第2章の質問紙調査結果、第3章のインタビュー調査での語りをふまえると、学校がなくても学びを継続できた子の特徴が見えてくる。それは、以下の三つのポイントで表すことができよう。

①生活リズムを大きく崩さなかったこと
②やることが把握できていたこと
③ストレスを解消する方法があったこと

ポイント①について、狭義の学びである「学習時間」、広義の学びである「成長実感」の双方に、学校に行くときと同じ生活リズムで過ごしていることが影響を及ぼしていた。学びを続けるにはそのための時間が必要である。個人差はあれど規則正しい生活をすることが活動の基盤になっていたのは、学校が「ある」ときも「ない」ときも変わらない。

「成長実感」を生み出す「余白」のある時間、「何もやることがない」という感情は、生活リズムがある程度保たれているからこそ生み出されるものであろう。

ポイント②について、学校からの連絡事項が確認でき、課題やオンライン授業などやることが把握できていれば、それに取り組むこともある程度できていた場合が多い。また、自分なりにやることを見つけて取り組むことで、新たな発見や興味・関心につながるなど、急な休校でできた時間を活用した取組とそれによる成長を感じられていることが確認できた。子どもにとって「やること」がある状態は学びの継続そのものであったともいえよう。

ポイント③について、急に学校に行けなくなったこと、人に会えないこと、外に出ることを自粛しなければならないこと、感染に気をつけなければならないこと、一人でのんびりできないこと、楽しみにしていた学校行事がなくなったこと、先の見通しが立たないことなど、休校措置と外出自粛にともなうストレスは普段に増して多く、これらのストレスをなかったことにすることは非常に困難だっただろう。こういった中で、なんらかの方法で他者とつながりをもちながら、ストレスを解消・発散できていた場合、ストレス反応は低く、身体的にも精神的にも比較的良好な状態であった。

この三つのポイントは、相互に関連し合っているということも重要な視点である。やることがあるから朝起きる、朝起きるから大幅な生活リズムの崩れは防止できる、それによって心身ともに健康でいられるというようなサイクルが回っているということである。それは、**一つ上手くいかなくなるとほかも上手く回らないという状況に陥りがち**ということも意味している。

サイクルを回すことに関連してもう一つ重要なことがある。それは、子どもが一人で回し続けるのは難しいということである。インタビュー調査では、保護者や友人、支援者の存在によって学び続けるためのモチベーションを保っている子も見受けられた。他者とのつながりによってサイクルが回る、つまり学び続けることができていたと考えられる。

2 家庭への役割集中とその課題

学校が急に「とまった」としても子どもが学び続けるためには、第1節で示された三つのポイントの歯車が回るよう支援することが必要である。学びの継続を支えるための保護者の役割、それを実践するための課題について今一度まとめたい。

学びの継続を支えるにあたっての保護者の役割

学校に行くという制約がなくなり、友人に直接会ってその様子を確かめることができない中で、強い意志や動機がなければ、**子どもが自らの意志で普段どおりの生活を続けていくことは難しい**のではないだろうか。それをふまえると、学びの継続は、学齢にかかわらず「誰か」のサポートによって可能になっていた。自粛要請によって外に出られなかった休校中、その「誰か」は、同居の家族であることが多かった。

保護者は、普段から子の成長や健康のために直接的・間接的に支援をしているが、**声か**

けは休校中の生活リズムを保つ効果が見られた。子が課題などのやることを把握するにも、学校からの連絡を保護者が受け取り伝えるというように保護者の行動が必要な場合が多かった。子が小学生の場合は特に、学校からの連絡を受けて子に伝える、課題を確認してチェックする、わからないところを教えるというように、**学習において保護者が普段よりも多くの役割を担う**ことになった。オンラインの取組の場合は、準備や接続などもサポートの必要があったと考えられる。学校から連絡や指示がなく、学習が足りないと感じた場合、保護者自身が教材を準備するなど、学習面でも保護者が主導することがあった。

家族以外の他者と会うことを自粛する中では、普段の家庭生活の中すなわち**保護者とのコミュニケーションがストレスの発散・解消の一端**を担っていた。このように考えると、**保護者が担う役割が学びと生活の多岐にわたっていた**ことがわかる。そして、この**多岐にわたる役割を担うことが学びを支えることにつながっていた**。ただし、様々な事情から、すべての保護者が子どもの学びを支えるための役割を担えるわけではない。保護者と子どもが良好な関係を築けていないこともあろう。そうした場合には、家庭の外部にいる「誰か」の存在が重要になるだろう。この点については第4節で改めて論じることとする。

見えてきた課題

「学校がある」日、子どもの学びを支える役割は主に学校・教員が担っている。学びを支えるとは、学ぶ内容を把握し、学ばせるという役割である。家庭は、子どもの生活や成長を保障し支援しながら、学校での学びをサポートする役割が期待されてきた。子どもたちは、学校に関するストレスは学校以外の場所で、家でのストレスは学校で発散できていた場合が多いだろう。普段、**学校、家庭、サードプレイスがそれぞれの役割を果たすことで、子どもの日々の学びが支えられている。**

これら**すべての役割が、休校と同時に突如、個々の家庭に集中**することになった。家庭に託された役割は、賃金をともなう労働をしているかどうか、在宅かどうかにかかわらず保護者（特に母親）が引き受けることになった。それによって、保護者が「学習管理」という役割を過剰に認識し「管理的関わり」が多くなってしまったケース、「学習管理」という役割を担う必要性に気付かなかったケース、気付いていながらも手が回らなかったケース、ケアさえも手が回らなかったケースなど**多様な状況が発生**した。こういった家庭の多様性は、保護者の意識や家庭の教育力の差として片づけてしまってよい問題ではないのではないだろうか。

加えて、休校時に急激に展開されたオンラインの取組によって、この多様性はさらに複雑になったようにも思われる。ネットワーク環境や家で所有するデバイスの数、保護者がオンラインの取組を理解し、サポートする能力など**オンライン学習を支えるために必要な事柄は多く、外からは見えづらいもの**もあった。

普段と異なる環境で、多くの役割を抱える必要があったにもかかわらず、**子が学ぶことに関する情報共有・情報収集が難しかったことも課題**といえよう。子の学習に関する情報が、子どもが学校に行かなくなることでまったく耳に入らなくなる。例えば、学習に取り組む上で困ったとき学校に連絡すればよいのか、そもそも学校に教員は来ているのか、ほかの子はどう過ごしているのかといった情報から遮断されてしまった。普段は、職場の同僚と雑談の中で子どもの話をしていたのに、在宅勤務への移行でそういう時間もなくなった。情報不足の状況は、子どもの学習状況を気にかけている保護者ほど心配になり、必要以上に関わることもあったかもしれない。逆に、みんなこんなものだろうと思い込むことで、様々な欠如に気付かないということもあったかもしれない。家庭への役割集中にともなう課題とその解決については、さらに議論を重ねる必要がある。

3　子どもの学びをとめない学校

学校は子どもの学びを支えることにおいて中心的な役割を担うべきものである。しかし、この度の休校措置においてなお、子どもの学びを支えるという役割を果たし続けることは、大半の学校にとって困難な挑戦であったことと思われる。今回の休校は、ほかの危機的なケースと同様に突然に始まったが、対策の方針も、学校再開の見通しも明らかにされないまま長期化したという点で、前例のない難しさを抱えていた。これほどまでに不確実な状況の中でもその役割を果たし続けるために、学校にはどのような対応が可能であったのか。調査の結果をふまえつつ、前例のない危機に対応する際のポイントについて振り返ってみよう。

子どもとの関わりを切らない

第2章の検討を通じて、学校の取組や学校と子どもとの関係性が休校中の学びの継続と関連していることが明らかになった。特に、学習時間の確保との関連がみられたのは、教員とのコミュニケーションをできていると感じられるような取組である。インタビュー調査からも、休校中、教員が様々な手段で子どもとコミュニケーションを試みていたことが明らかになっている。例えば、学校のWebサイトでの情報発信、教科書や課題の配布、オンラインツールを用いたホームルームや授業の実施、電話連絡や家庭訪問などでやりとりがあったことが確認されている。だが、高校生調査の結果では、学習の継続において重要なのは、コミュニケーションの手段（何で伝えるか）や内容（何を伝えるか）ではなく、頻度（どれだけつながるか）であったことが示唆されている。**「元気にしてる?」「次の課題はこれだよ」といった何気ない声かけでもかまわない、「教員が動いてくれている」「自分に関わり続けてくれている」と子どもが感じられることが、何より大切であったといえるだろう。**

以上では、継続して子どもに働きかけることが重要であることを確認した。だが、学校や教員がいくら情報を発信したとしても、子どもが受け取らなければ「コミュニケーション」とはならない。調査分析から明らかになったのは、休校前に学校において教員や友人と関係を築けていたかが、休校中のコミュニケーションの成立に影響を与えているということであった。第3章の「座談会」においても論点となっているように、**子どもの学びにとって重要な役割を果たすのは、自分を気にかけ、学びに伴走してくれる「私の先生」の**

存在なのではないか。この点と関わって、**高校生調査において、休校中に教員とのコミュニケーションができていないと回答した生徒が全体の60%を超えている**という結果は看過できない。こうした結果は学校が再開した今だからこそ、学校や教員と生徒との関係性を問い直すことの必要性を示唆しているようにも思われる。

教員の裁量と情報共有がカギ

ここまで教員と子どもとのコミュニケーションがいかに重要であるかを見てきた。だが、インタビュー調査の結果を振り返ると、教員と子どものコミュニケーション以前に、子どもたちに何を、いつ、どのように伝えるのかを決定する学校側の体制にも課題があったことがうかがえる。

4月中旬に行われたインタビュー調査において、都立A高校に勤務する伊藤先生は「学校現場では思考停止が起こっているように思います」と語り、休校延長が繰り返される中で、学校現場では教育委員会等から出される「上からの指示」を待つほかないという雰囲気が漂っていたことに触れている。中には、「教員も自宅勤務とは言っているけども、基本的にはただの自宅待機なので、ほとんど何もやっていない」(庵野先生)という状況もあったようである。もちろん、すべての教員が時間をもてあましていたのではなく、管理職をはじめとして、様々な対応に追われていた教員も少なくない。管理職ではなくとも、子どもや家庭への個別の対応にあたっていたり、休校の長期化を見越してオンラインでの学習支援の可能性を模索したり、教員それぞれに独自の対応を試みていたことがインタビュー調査において明らかになっている。ここで問題となるのは、動けていた教員と指示待ちの教員がいたということであり、その差は個々の教員の意識の差にのみ還元できるものではないということではないだろうか。

前例のない事態において、なんの方針もなく各校がそれぞれに対応すれば、大きな混乱をもたらす。俯瞰した立場からの指示が重要であることは言うまでもない。だが他方で、予測不可能な危機を前にしたとき、指示を待つことがかえって事態を悪化させることがあることを私たちはよく知っているはずだ。これまでのマニュアルが想定していない状況におかれている中で、新たにコンセンサスを形成し指示が下されるまでにはあまりに時間がかかる。そして、学校現場では、そのかかった時間の分だけ対応が遅れるということになるだろう。

このように見ていくと、今回のような前例も先の見通しも立たない休校においては、指示やコンセンサスを前提とした対応が、「初動」を遅らせる一因になったことが推察される。5月からのオンライン授業の本格実施に向けて動いていた私立C学園で教頭を務める勝田先生は、「どのツールを使うかなど、学校全体でコンセンサスをとる時間はない」ため、各学年の現状に応じて「手続きにのっとらずに独自にやる」ほかなかったと語っていた。同様に、各教員がそれぞれにオンライン授業の試みを進めていた私立D学園の今井先生のインタビューからは、職員会議が方針決定というよりは、報告、情報共有に重きをおくものとなっていたことがうかがえる。こうした事例に鑑みれば、**前例のない非常事態において重要なのは、指示やコンセンサスではなく、各教員の裁量であり、その裁量を認めた上で報告や情報共有をしっかりと行うことであったと考えられる。**

とはいえ、裁量は非常事態において、もてと言われてもてるものではない。学校が「とまった」ときに教員が動きだせる体制を整えるのは今以外にはないということだろう。

4 「最後の砦」としての支援者

支援者の語りから見えてきたのは、休校措置によって学校の福祉機能が「とまった」ことの影響である。ここで福祉機能と言われているのは、給食に代表される生存保障の機能だけではなく、家族以外の大人や友人との社会的つながりを保障する機能を含む。新型コロナウイルス感染拡大による影響で雇用状況が悪化し、家庭環境の不安定化が進む中で、学校の福祉機能までもがとまったことは、一部の子どもたちにとって、**生活の最も基本的な条件が根本から揺らぐ**ということを意味した。支援者が直面していたのは、今回の休校によって、これまで以上に多様な学習の機会や選択肢を手にする子どもたちがいる一方で、学習以前の安心・安全が脅かされた状態で日々を過ごさざるを得ない子どもたちもいる、という事態である。もともと困難度の高かった子どもたちの困難度がさらに高まること、そのことによって生活や学習に関する格差が広がることへの懸念が、複数の支援者から繰り返し表明されている。こうした中で、「とまって」しまった福祉機能を補完するために、食事支援、オンライン支援(=学習支援および居場所支援のオンライン化)、タブレット端末とWi-Fiの無償貸与といった取組がなされていた。

　学校が「とまった」とき、子どもの安心・安全を守り、学びを支える役割を果たすことを最も強く求められたのは、家庭であった。だが、様々な事情から、そうした役割を果たすことができない家庭もある。支援者たちは、学校と家庭というセーフティーネットからこぼれ落ちてしまった子どもたちの生活を支え、学習の機会につなげていくために尽力している。支援活動において共通して重視されていたのは、子どもたちとの間に信頼関係を構築することである。自分の生活や学びに変わらず寄り添ってくれる「誰か」の存在が、不安定で先の見えない日々の中で、それでも安心して過ごすために不可欠なのである。

　一方で、取組の中で見えてきた課題もある。一つは、**オンライン化によって支援が届きやすくなる層だけではなく、むしろ届きにくくなる層がいる**ということだ。ツールがあっても、意欲やスキルの問題から活用されない（活用できない）場合もあるし、オンラインでは表情などノンバーバルな次元での情報が伝わりにくいといったことがあり、特に発達上なんらかのサポートが必要な子どもにとって、コミュニケーションをとることが難しい場合もある。また、保護者の理解が得られなかったり、家庭内にプライベートな空間がなかったりして、オンライン支援にアクセスするための物理的環境を確保することが難しい子どもたちもいる。そうした事例に対しては、子どもだけでなく保護者も視野に入れた支援が必要になるだろう。

もう一つは、支援体制に関わる課題である。支援者の語りにおいて特徴的だったのは、「今、自分たちは子どもたちの様子をより詳細に把握できている」「よりスムーズな動きができている」という自負と、だからこそ、「子どもの生活や学びに関わるほかのアクターが、どんなことに困っているのか、どんな要望があるのか知りたい」「力を合わせられる部分があれば、率先して連携していきたい」という思いをもっているということだ。特に、福祉と教育の連携については、複数の支援者からその重要性と必要性が指摘された。また、事態の長期化を見据えて、持続可能な支援体制をどう構築していくかも課題である。このことは、支援者をどう支援するかということと合わせて考えられねばならないだろう。特に、資金面でのマネジメントについては、非常時におけるアカウンタビリティのあり方とも関わって、きわめて重要かつ難しい課題となっているように思われる。先に述べたように、支援者たちが向き合っているのは、学校からも家庭からもこぼれ落ちてしまった子どもたちである。そうした子どもたちにとって、支援者による支援は「最後の砦」とも言うべきものとなっている。そこからもこぼれ落ちてしまえば、子どもたちは抜き差しならない危険にさらされ、しかもそうした事態は社会の目からさらに見えにくくなってしまうだろう。そうした意味で、「最後の砦」たる支援者の存在は非常に重要であり、支援者への支援は絶対に欠かせない。社会全体の課題として、**人・モノ・資金が安定的に供給されるような仕組みづくり**が求められている。

新型コロナウイルス感染拡大の影響で、学習面での格差だけでなく、学習の基盤となる生活面での格差もさらに広がっていくことが懸念される中、どのように子どもたちの安心・安全を守り、学習の機会を実質化させていくかということが、これまで以上に問われている。今回の支援者調査で扱ったのは、一つの事例にすぎないが、子どもの生活面・学習面での支援に関して、ある程度一般性がある論点を提示できたのではないだろうか。すべての子どもたちを置き去りにしないために、支援者の挑戦は続いていく。

5 学びを支え続けるために私たちにできること

保護者、学校（教員）、支援者の「間」で何が起こっていたのか

ここまで、子どもの学びを支えるために保護者、学校（教員）、支援者がそれぞれどのように動いたのか、本書の内容をまとめつつ整理してきた。だが、**調査結果から見えてきたのは、ポイントはむしろこの三者の「間」にあるのではないかということだ。**コミュニケーションはよくキャッチボールにたとえられるが、調査からは、アクター同士の連携が上手くいかずに「ボールが真ん中に落ちる」事例が起こったことが示唆されているからである。ただし、その原因は複数考えられる。ここでは、大きく分けて二つの原因について考えてみたい。

まずは、認識のズレによるものだ。コミュニケーションは、送り手がメッセージを発信し、それが受け手に渡り、メッセージの内容が理解されるときにはじめて成立する。だが、

送り手がメッセージを発信しても受け手がそれに気付かなかったり、メッセージが受け手に渡っても、内容がきちんと伝わらなかったりすることはよくあることだ。今回の休校措置中においても、送り手がメッセージを「伝えた」と思っていても、受け手にはそのように認識されないということがあったのではないか。例えば、近年では、学校のWebサイトやメール配信システム、学習履歴管理システムなどの導入によって、学校あるいは教育委員会から保護者や子どもに対して連絡をとることができる環境が整いつつあり、保護者調査からも、実際にそうした連絡がかなりの頻度で発信されていることがわかった。

だが一方で、質問紙調査の回答結果を見ると、高校生や保護者の認識では学校からの連絡頻度はそれほど高くなく、学校あるいは教員と十分にコミュニケーションがとれていると感じている人も決して多くない。この差は、まさにコミュニケーションを巡る認識のズレを表しているといえる。こうしたズレは、今回の休校措置中にはじめて生じたというよりは、これまでもあったものと考えられる。平常時においては、それが「おおごと」になることはそれほど多くなく、メッセージの発信をもってコミュニケーションがとれたものと見なすという方が、効率性の観点からして、むしろ合理的だったのかもしれない。

だが、今回のような非常事態において、コミュニケーションにズレが生じるということは、子どもの生活や学びにただちに深刻な影響を与えかねない。というのは、非常事態においては、伝えられるメッセージや情報の一つ一つがきわめて重大な価値をもつようになるとともに、そうしたメッセージや情報にアクセスできる機会が大きく制限されるからである。平常時においては、あるルートからのアクセスが難しくても、ほかのルートでアクセスできるということがあるが、今回は外部とのコミュニケーションの機会自体が大幅に制限され、各個人、各家庭が孤立しがちな状態にあった。コミュニケーションの機会そのものが希少となる中で、認識のズレによってメッセージや情報が正しく伝達されないとしたら、子どもの生活や学びに深刻な影響を与えるであろうこと、そして、そうした影響のリカバーがきわめて難しいであろうことは、想像に難くない。

いずれにせよ、コミュニケーションが相互的な営みである以上、このズレは相互の協力によって解消されねばならないだろう。**送り手は単にメッセージを送ればそれでよいというわけではなく、受け手によってメッセージがきちんと受け取られ、理解されたことを確認しなければならないだろうし、受け手もまた、メッセージを受け取ろうとする構えが必要である。**さらにいえば、メッセージが受け取れなかったり、理解が難しかったりする場合には、送り手に再度のコミュニケーションを求める必要もあるだろう。

もう一つは、そもそもコミュニケーションのためのチャネルがないことに起因するものだ。教員調査から見えてきたのは、子ども（特に小・中学生）に直接連絡をとる手段がなく、家庭における子どもの様子を把握することに苦心する先生方の姿である。一方で、支援者調査では、子どもの生活により近いところで活動していた支援者たちが、教育と福祉の連携の重要性を感じ、学校のニーズに合わせて連携していきたいという思いをもちながらも、現実にはあまり協働が進まないことをもどかしく感じていたことがわかっている。また、保護者調査からは、外部の支援を必要としながら、そうした情報が氾濫していることで、かえって支援にたどり着かないことがあるという声も聞こえてきた。「子どもの生活や学びを支えたい」という思いは共通していても、アクター同士の間にコミュニケーションのためのチャネルがなかったり、上手くチャネルが活用されていなかったりすることで、結果として子どもを支えきれなかったという事例は少なくなかったのではないか。平常時に最適だと思われたチャネルも、今回の非常事態においては機能しなかったということもあるだろう。そうした場合、別のチャネルに移行したり、新たにチャネルを立ち上げたりするなど、コミュニケーションを絶やさないための対応が求められる。

だが、今回は、必ずしもそうした対応が円滑になされたわけではない。**非常事態において、速やかに別のチャネルに移行することができるためには、コミュニケーションをとるためのチャネルを複数整えておかねばならないし、新たなチャネルを立ち上げるためには、子どもを共に支えているアクターの存在を把握し、平常時から連携や協働の機会を開いておくことが求められるだろう。**

こうしてみると、今回の調査で見えてきた保護者、学校（教員）、支援者の「間」の課題とは、コミュニケーションのモードを上手く切り替えられなかったことだと総括できそうである。平常時における合理的なコミュニケーションと、非常事態における合理的なコミュニケーションは、おのずから異なってくる。予測不可能な状況の中で「いつもどおり」が通用しなくなったとき、コミュニケーションのあり方を非常事態モードへと切り替えることは、あらゆる具体的な対応の前提条件になるだろう。

リスク認識の共有のためにこそコミュニケーションが重要

保護者、学校（教員）、支援者という各アクターの「間」のコミュニケーションをそれぞれ円滑にしていくということだけでは、解決できない課題も残されている。それは、**休校措置によってどこにどのような負担や副作用が新たに生じているのかを把握し、子どもの生活と学びを支えるという視点から、役割とリソースの再配分を行うという課題である。**とはいえ、どこにどのような支援が必要なのか、どこにどのくらいリソースを投じ、誰がどんな役割を担うのかを決めることは容易ではない。私たちが対処しようとしている危機が、これまでに前例のない事態であるならばなおさらである。加えて、役割とリソースの再配分を一層難しくしているのには、感染予防を第一の目的とする今回のようなケースでは、すでに起こっている問題に対処するだけではなく、これから起こるかもしれない問題、つまり「リスク」を勘案して対処しなければならないということが関わっている。

ところで、私たちが対処しようとしている「リスク」というものについて、社会学者のニクラス・ルーマンは興味深い定義を与えている。ルーマンによれば、「リスク」は「危険」とは区別されるべきものである。「危険」とは、起こりうる損害が私たちの決定ではなく外的な要因（環境や他者など）にある場合を指す。対して、起こりうる損害が私たちの決定に左右される場合、それは「リスク」と呼ばれる[26]。つまり、私たちが起こりうる事態を予期して、なんらかの対処を試みることができるのは「リスク」に対してである。

私たちが関心を寄せ、危機を予測してなんらかの対処をしようとしたとき、そこに「リスク」という発想が生まれる。「リスク・マネジメント」といえば、なんらかのリスクがあって、それをマネジメントするように思えるかもしれない。だが、ルーマンに倣えば、「マネジメントしようとするからリスクが生まれる」のである[27]。無論これは、マネジメントはリスクを生むので危ないという意味ではない。その逆で、何かを予見し、それに対応するというマネジメントの発想がなければ、損害はただ「危険」として私たちにふりかかるのみということになるのである。**マネジメントを放棄するということは、リスクを見ない（あるいは甘く見積もる）ことで、ふりかかる「危険」に無抵抗にさらされることを意味する。**

休校措置をとることによって感染拡大のリスクを最小限に抑える、このように決定したとき、私たちは感染拡大を放置するのではなく、なんらかの判断と決定をもってその帰結に関与する、つまりマネジメントを引き受けたわけである。だが、ここで注意しなければならないのは、マネジメントの成功はリスクをゼロにすることではないという点だ。例えば、休校措置をとることによって、学校での感染拡大のリスクは限りなくゼロに近づくだろう。しかし本書で紹介した調査結果にも示されていたように、休校措置をとることは感染拡大とは別の新たなリスクを発生させてもいた。休校によって、学習の時間を確保できていないこと、あるいは生活習慣の乱れや、ストレスが生じたことは副次的なリスクと言っていいだろう。家では十分な食事がとれていない子どもや、家が安心できる居場所ではない子どもにとってはただちに「危険」が待ち受けている。このように、あるリスクに対して決定を下すことには常に新たなリスクの発生がつきまとうのである。感染対策においては、危機への無関心からくる楽観主義も、ヒステリックなまでのゼロリスク思考も、リスク・マネジメントから逃れようとしている点では共通している。

26　Luhmann, Niklas. Soziologie des Risikos, *Walter de Gruyter*, 1991, S.30-31. 小松丈晃訳『リスクの社会学』新泉社、２０１４年、38頁。
27　内田良「教育のリアル―現場の声とエビデンスを探る⑤―　インフルエンザにかからない方法―マネジメントがリスクを生み出す⁉―」『教育と医学』第68巻第2号（通巻第７９７号）、２０２０年3月、１３３頁。

以上で見てきたように、**感染対策としての休校措置においては、感染のリスクを回避するにとどまらず、それによって副次的に生まれる様々なリスクを見つけ出し、それぞれを天秤にかけながら必要な支援を行うことが求められていた。**こうした事情は、学校再開となった今も変わらない。休校措置の影響は年単位で子どもの学びに変化をもたらすだろうし、いつまた感染爆発が生じないとも限らない。今こそ、どこにどのようなリスクが潜んでいるのかを見きわめ、決定的な危機を回避するための策を練らなければならないだろう。**非常事態モードのコミュニケーションにおいては、そのコミュニケーションを支えるリスクの認識の共有が不可欠であり、その上で副次的なリスクまでを視野に入れた判断が重要となるのである。**

I did から We try への話法転換に向けて

またいつ休校措置が必要となるかわからない。そうした可能性も視野に入れて、学びを支えるための作戦会議をしようというのが、本書のねらいでもあった。最後に、来るべき危機に対して、私たちにどのような備えが必要なのかを考えてみたい。

子どもの学びを支えるために家庭、学校、支援者に何ができたのか、何ができなかったのかについては本章の前半部分でまとめた。だが、本節でみてきたように、家庭、学校、支援者等のそれぞれのアクターが個々に対処することには限界もある。その限界の一端は、個々のアクターそれぞれに見えているリスクが異なるということにある。

調査結果にも示されているように、この度の休校措置においては、休校によって生じた副次的なリスクの多くを家庭が引き受けざるを得ないという状況が見受けられた。家庭での感染対策はもちろんのこと、食事や生活習慣の維持に加え、学習課題についてのフォローやオンライン化への対応など、ほぼすべてのことを家庭が担う形になっていた。もちろん、家庭がこの役割を担えない場合に備え、多くの支援者が早い段階から対策に動いていた。だが、この支援の網にかからなかった子どもがどのように過ごしていたのかについては、私たちの調査ではわかっていない。見えないところにリスクが偏在化していけば、最終的には、そのリスクは、最も弱い立場にある存在に端的な「危険」としてふりかかる。このように、休校措置は学校での感染リスクへの対応ではあったが、それによって生じる様々なリスクにまで私たちが十分に対処できていたとは言い難い。新型コロナウイルス感染それ自体だけではなく、感染対策によって苦しんだ子どもが少なくなかったということを重く受け止めなければならない。こうした課題に鑑みると、複数のアクターが各々の立場から捉えたリスク認識をもち寄り、対策の全体像を共有することが第一に必要だったといえるだろう。

とはいえ、この間、複数のアクターが集まる場がなかったかといえば、そうではない。

官民を問わず、様々な対策会議やセッションの場が設けられてもいた。そうだとすれば、私たちが省みなければならないのは、そこで行われたコミュニケーションが本当に、この危機に対処する「私たち」による実効的な作戦会議になっていたのか、ということであろう。自分たちの取組やその成果を提示することは重要ではあるが、それにとどまらず、そこにいる誰もができていないことは何か、それぞれの取組の間で取りこぼされていることはないかということへの想像力と対話が必要だろう。

子どもの学びを支えるネットワークを編み直すという試みは、I did（私はこうした）から、We try（私たちはこうしよう）への話法転換から始まるのではないだろうか。

おわりに

人間が他者にその思いを伝えるとき、たいていの場合は、「言い足りない」かあるいは「言い過ぎて」しまうものです。

新型コロナウイルスの感染拡大と同時に企画され、研究室の全リソースを投下して行われた、いわば「即興音楽」のような本書の研究に「言い足りないこと」ないしは「言い過ぎていること」が存在することは、監修者として、共同研究の代表者として甘んじて受けます。本書の学術的意義は、読者の皆さんや後世の研究者が決めてくれることでしょう。

冒頭で申し上げたとおり、この国は、「災害と共にある国」です。新型コロナウイルスが終わっても、新たな災害が、この国に押し寄せたとき、「再び学びをとめない」ためにはどうするか。

本書の「言い足りない」ないしは「言い過ぎ」かもしれないデータ、事例が、教育関係者の方々に、届くことを、まずは願います。私たちの知的探究の成果が、現場で奮闘する人々によって自由に解釈し直され、アップデートされること。また、現場に「再び学びをとめないための作戦会議」の「対話」を生み出すことを願っています。

＊

その上で、最後の最後に、一つだけ申し上げたいことがあります。
それは本書を書くことを決めた段階で、いつかは、多くの読者の方々と共有したいと思っていた問いです。

その問いとは、

教育現場が、子どもが、危機に瀕したときに研究者は「いかに行動するか」

ということです。この問いを、私たち自身にまつわる「問い」として、自戒を込めて、読者の皆さんと共有したいのです。

今回の新型コロナウイルス感染拡大は、現場を抱える学問のあり方、現場をもつ研究を行っている研究者のあり方に、波紋を投げかけたように思います。

領域によっては、ただちに、研究者が立ち上がり、研究プロジェクトが組まれ、刻一刻と変わる現場に知見を返し続けた研究もあります。
筆者の専門に近いところでは、組織・経営に関する若手研究者が集まり、リモートワークのあり方、組織に生じる様々な悪影響を調査し、ただちにレポートを公開しています。また心理学等の一部の分野でも、学会の有志が集まり、様々な実態調査を行ったり、学会で活発な情報発信を行っている研究領域がありました。素晴らしい勇気と決断力です。

ひるがえって私たちはどうだったのでしょう。本書の最後の問いとは、

今回、「学びがとまった、そのとき」研究者は何をしていたのか？
研究は、現場にどのように貢献できたのか？

です。さらには本書をきっかけに、

近い将来、再び、現場や子どもに危機が生じたときに、研究者は何を為すのか？
研究には、現場に、どのような貢献ができるのか？

を考えることができたとしたら、望外の喜びです。

本書において「学びがとまったそのとき」学校や行政が何をしていたかを問うのであれば、その鋭い問いの矛先は、研究者にも向けられるべきだと、私は思います。

本書で描いた「学びの中断」は、もう二度と繰り返したくないものです。

しかし、このような思いの反面、私はこうも思います。

おそらく、この国は、近い将来、災害に襲われるだろうと。

本書のような「学びがとまった、そのとき」を描く本が、未来永劫、二度と生まれないことを願います。本書は、現場に「再び学びをとめないため」の作戦を立てる対話を促し、その使命を終えるのだと思います。

最後になりますが、オンラインで行われた本プロジェクトの中間報告会にご登壇くださいました認定NPO法人カタリバの今村久美さま、同 加賀大資さま、東京都立日野台高等学校 佐々木宏先生、N高等学校 片野優さま、また、編集の労をとってくださった東洋館出版社の河合麻衣さんに、心より感謝いたします。本当にありがとうございました。

そして、調査にご協力くださいましたすべての皆さまに、心より感謝いたします。ありがとうございました。

再び、学びをとめるな

2020年冬、クリスマスツリーに灯りがともるキャンパスにて

中原　淳（立教大学経営学部教授）

《監修者》

中原 淳　立教大学経営学部教授／立教大学大学院経営学研究科リーダーシップ開発コース主査／リーダーシップ研究所副所長

博士（人間科学）。東京大学教育学部卒業、大阪大学大学院 人間科学研究科、米国・マサチューセッツ工科大学客員研究員、東京大学講師・准教授等を経て 2018 年 4 月より現職。専門は人材開発・組織開発。著書に、『職場学習論』『経営学習論』『人材開発研究大全』(いずれも東京大学出版会) など多数。

《編著者》

田中 智輝　山口大学教育学部講師

東京大学大学院教育学研究科博士課程単位取得退学。博士(教育学)。同博士課程在学中に日本学術振興会特別研究員（DC1)。東京大学特任研究員、立教大学助教を経て、2020 年 10 月より現職。専門は教育哲学・教育思想。著書に、『ひとはもともとアクティブ・ラーナー！』(北大路書房) ほか。

村松 灯　立教大学経営学部教育研究コーディネーター

東京大学大学院教育学研究科博士課程単位取得退学。博士（教育学)。同博士課程在学中に日本学術振興会特別研究員（DC2)。東京大学特任研究員を経て、2018 年 4 月より現職。専門は教育哲学・教育思想。著書に、『「未来を語る高校」が生き残る』(学事出版) ほか。

高崎 美佐　立教大学経営学部教育研究コーディネーター

東京大学大学院学際情報学府博士課程単位取得退学。博士（学際情報学)。京都大学卒業後、民間企業を経て 2012 年大学院修士課程入学。2018 年 4 月より現職。専門は学生から社会人へのトランジション、キャリア発達。著書（分担執筆）に、『人材開発研究大全』(東京大学出版会) ほか。

学校が「とまった」日

―ウィズ・コロナの学びを支える人々の挑戦―

2021（令和3）年2月1日　初版第1刷発行
2021（令和3）年3月10日　初版第2刷発行

監　修　中原淳
編　著　田中智輝　村松灯　高崎美佐

発行者　錦織圭之介
発行所　株式会社東洋館出版社
〒113-0021　東京都文京区本駒込5丁目16番7号
営業部　TEL：03-3823-9206　FAX：03-3823-9208
編集部　TEL：03-3823-9207　FAX：03-3823-9209
振　替　00180-7-96823
U R L　http://www.toyokan.co.jp

ブックデザイン　鈴木成一デザイン室
印刷・製本　藤原印刷株式会社

ISBN978-4-491-04325-8　Printed in Japan